SITEJIAOYUXILIECONGSHU

U0640468

学生心理素质教育

《"四特"教育系列丛书》编委会　编著

吉林出版集团股份有限公司
全国百佳图书出版单位

图书在版编目（CIP）数据

学生心理素质教育／《"四特"教育系列丛书》编委会
编著．—长春：吉林出版集团股份有限公司，2012.4
（"四特"教育系列丛书／庄文中等主编．学生素质教
育与培养）
ISBN 978-7-5463-8750-5

I.①学… II.①四… III.①中小学生－心理素质－
素质教育 IV.① G479

中国版本图书馆 CIP 数据核字（2012）第 043939 号

学生心理素质教育

XUESHENG XINLI SUZHI JIAOYU

出 版 人	吴 强	
责任编辑	朱子玉　杨　帆	
开　　本	690mm×960mm　1/16	
字　　数	250 千字	
印　　张	13	
版　　次	2012 年 4 月第 1 版	
印　　次	2023 年 2 月第 3 次印刷	

出　　版	吉林出版集团股份有限公司
发　　行	吉林音像出版社有限责任公司
地　　址	长春市南关区福祉大路 5788 号
电　　话	0431-81629667
印　　刷	三河市燕春印务有限公司

ISBN 978-7-5463-8750-5　　　　　定价：39.80 元

前　言

　　学校教育是个人一生中所受教育最重要的组成部分,个人在学校里接受计划性的指导,系统地学习文化知识、社会规范、道德准则和价值观念。学校教育从某种意义上讲,决定着个人社会化的水平和性质,是个体社会化的重要基地。知识经济时代要求社会尊师重教,学校教育越来越受重视,在社会中起到举足轻重的作用。

　　"四特教育系列丛书"以"特定对象、特别对待、特殊方法、特例分析"为宗旨,立足学校教育与管理,理论结合实践,集多位教育界专家、学者以及一线校长、老师们的教育成果与经验于一体,围绕困扰学校、领导、教师、学生的教育难题,集思广益,多方借鉴,力求全面彻底解决。

　　本辑为"四特教育系列丛书"之《学生素质教育与培养》。

　　实施素质教育是我国现代化建设事业的需要。它体现了基础教育的性质、宗旨与任务。提倡素质教育,有利于遏制当前基础教育中存在着的"应试教育"和片面追求升学率的倾向,有助于把全面发展教育落到实处。从教育面向现代化、面向世界和面向未来的要求看,素质教育势在必行。这是我们基础教育时代的主题和任务。

　　学校教育的核心工作是培养全面发展的社会主义建设者和接班人,而学生则是未来的主要建设者和接班人,直接关系到整个社会的前途和命运。中小学生正处于青少年时期,其心理生理发展具有不成熟、可塑性强的特点,他们在面对错综复杂的社会时能否全面认识理性分析问题不仅是部分人的问题而是一个社会问题。当代青少年面临更多的机遇和史无前例的挑战,只有树立科学的价值观,才能全面正确地认识自己、他人和社会,才能在认识和改造世界的过程中取得成功。

　　本辑共20分册,具体内容如下:

　　1.《学生身体素质教育》

　　根据中小学生参与体育状况调查发现,学生身体素质呈现持续下降的趋势。针对学生身体素质下降的状况,必须要让体育课落到实处,且要加强开展学校课外体育活动的力度,充分调动广大学生参与课外体育活动,从而提高学生的身体素质,使学生的身心得到健康发展。同时,探寻学校学生身体素质下降的根源,从而提高他们的身体素质。

　　2.《学生心理素质教育》

　　本书的各位作者拥有多年从事心理健康教育和研究的经验,为此,我们运用心理学的基本原理,从同学们的需要出发,编写了本书,它主要包含上面提到的自我、人际、学习、生涯等几个方面的内容。希望同学们能通过本书的学习,掌握完成这些任务的战略与技巧,为你们的长远和可持续发展提供力所能及的帮助。

3.《学生观念素质教育》

不同的人对同一事物产生不同的看法,本来是很正常的事情,但如果不同学生的观念差异太大,甚至"针锋相对",就不能不让人琢磨一下。本书就学生的观念素质教育问题进行了系统而深入的分析和探讨,并提出了解决这一问题的新思路、可供实际操作的新方案,内容翔实,个案丰富,对中小学生、教师及家长均有启发意义。本书体例科学,内容生动活泼,语言简洁明快,针对性强,具有很强的系统性、实用性、实践性和指导性。

4.《学生道德素质教育》

道德素质是人的重要内涵,它决定着人的尊严、价值和成就。良好道德素质的培养,关键在青少年时期。为培养学生形成良好的行为习惯,提高道德素质,只有建立学校、家庭、社会三结合的"立体化"教育网络,才能最有效地促进学生道德行为的养成,全面提高青少年的素质,促进青少年的健康成长。

5.《学生形象素质教育》

我们自尊我们自信,我们尊敬师长,我们自强我们自爱,我们文明健康。青春就是一次又一次的尝试。身处在这个未知的世界,点滴的前进,都是全新的体验,它点亮中学生心中的那片雪海星辰。新时代的中学生用稚嫩的双手创造一个又一个生命的篇章。让我们用学识素养打造强而有力的翅膀,让我们用青春和梦想做誓言,让我们用崭新的形象面向世界。

6.《学生智力素质教育》

教学中学生正是通过语言符号和非语言符号,学习知识、技能,在吸取人类智力成果过程中,使自己的智力得到锻炼和发展。指导学生智力发展应贯串于教学过程的始终。备课、钻研教材、上课、答疑、辅导、组织考试、批改试卷和作业都应当分析学生思维的过程,考虑发展思维的教学措施。

7.《学生美育素质教育》

美育是培养学生全面发展的教育方针的重要组成部分。美育又称审美教育或美感教育,是培养学生正确的审美观点以及感受美、鉴赏美和创造美的能力的教育。美育是实施其他各育的需要,美育是全面发展教育的重要组成部分,它渗透在全面发展教育的各个方面,对学生身心健康和谐地发展有促进作用。

8.《学生科学素质教育》

教育应面向全体国民,以提高国民素质、提高学生科学素养为目标,为学生的终身发展打下基础。本书以培养小学生科学素养为宗旨并依据新课程标准编写。学生通过本书的学习,能知道与身边常见事物有关的浅显的科学知识,了解科学探究的过程和基本方法,保持和发展对周围世界的好奇心和求知欲,逐渐养成科学的行为习惯和生活习惯,形成敢于创新的科学态度,培养爱科学、爱家乡、爱祖国的情感。

9.《学生创造素质教育》

创造才能是各种能力的集中和最有价值的表现,人类社会文明都是创造出来的,所以只有具备创造才能的人,才是最有用的人才。一切发达国家都非常重视青少年创造才能的培养。培养创造才能要从教育抓起,要从小做起。

10.《学生成功素质教育》

本书旨在让学生认识到成功素质教育的重要性。成功素质教育的目的和意义在于:激发学生对于成功的欲望和追求;让学生了解成功素养的内涵和相关解释;通过开展积极有效的成功素质教育,激发学生潜能;让学生自发主动地参与成功素质的行为,由被动转为主动。

11.《学生爱国素质教育》

祖国是哺育我们的母亲,是生命的摇篮,我们应该因为自己是一个中国人而感到骄傲。学校要坚持抓好学生的爱国主义教育,使他们从小热爱祖国。"祖国"一词对小学生来说,比较抽象,因此,他们对学生进行爱国主义教有,注意从大处着眼,小处着手,引导学生从身边具体的事做起。

12.《学生集体素质教育》

一个国家如果没有团结稳定的局面是不可能繁荣兴盛的;一个集体如果没有精诚合作的精神是不可能获得发展的;一个班级如果集体观念淡薄是不可能有提高进步的;一个人如果不加强培养集体意识,他是不可能被社会所接纳的。集体意识的培养对每个学生来讲是至关重要的。学生只有在校园就开始提高自己的集体协作意识,才能在将来的工作中游刃有余,才能让自己的前途得到更好的发展。

13.《学生人道素质教育》

人道主义精神与青年成长的关系非常密切,既关系思想意识上的完善,又关系知识面的拓展。为进一步切实加强青少年的思想道德建设,建议教育部制定切合实际的教育纲要,将人道主义教育纳入中小学生课程。本书从人道主义精神的培养入手,规范未成年人的行为习惯,使他们真正成为合格的接班人。

14.《学生公德素质教育》

社会公德作为人类社会生活中最起码、最简单的行为准则,是和广大人民群众的切身利益密切相关的,是适应社会和人的需要而产生的。它对人们的社会生活具有特殊且广泛的社会作用。每个社会成员都应该自觉遵守社会公德。社会公德是衡量一个国家全民素质水准的重要标志,抓紧对青少年进行社会公德教育,既是推动社会进步的奠基工程,也是社会主义精神文明建设的一项战略任务。

15.《学生信念素质教育》

加强公民道德建设,在全社会树立中国特色社会主义的共同理想和信念,加快构建传承中华传统美德、符合社会主义精神文明要求、适应社会主义市场经济的道德和行为规范。未成年人是祖国未来的建设者,加强和改进未成年人思想道德建设尤其重要。理想信念教育是培养公民素质的本质要求,把学生培养成为热爱社会主义祖国,具有社会公德、文明行为习惯的遵纪守法的公民是我国德育工作的主要任务。在德育体系中,理想信念教育处于核心地位,是德育研究的重中之重。

16.《学生劳动素质教育》

劳动素质教育是向学生传授现代生产劳动的基础知识和基本生产技能,培养学生正确的劳动观点,养成良好的劳动习惯的教育。本书旨在培养学生正确的劳动观点和良好的劳动习惯,使学生掌握初步的生产劳动知识和技能。

17.《学生纪律素质教育》

依法治国已成为我国治国的方略。我们正在建设社会主义法治国家,纪律法制在社会生活中的作用越来越重要,因此进行纪律法制教育也就十分必要了,对青少年学生尤其如此。青少年时期正好是一个人世界观、人生观、价值观的形成时期,在此时加强纪律法制教育,有利于帮助他们掌握应有的纪律法制知识,增强纪律法制意识,提高自觉遵守纪律法制的自觉性,养成良好的遵纪守法习惯。

18.《学生民主法制素质教育》

在推进依法治国,建设社会主义法治国家的进程中,加强对青少年的法制教育,促进青少年的健康成长,我们负有不可推卸的历史责任。为此,本书对当前青少年犯罪的现状、特点、成因进行了调查,对如何进一步加强青少年法制教育和预防青少年犯罪的方法作了一些探索,具有很强的系统性、实用性、实践性和指导性。

19.《学生文明素质教育》

礼仪是一种修养,一种气质,一种文明,一种亲和力,它是人际交往的通行证。青少年是祖国的希望,是21世纪国家建设的主力军。培养他们理解、宽容、谦让、诚实的待人处事和庄重大方、热情友好、礼貌待人的文明行为举止,是当前基础教育和学校德育工作的重点之一。将主题宣传教育活动、文明礼仪知识普及活动、日常行为规范教育活动紧密结合起来,培养学生文明行为举止,抓实抓细,必定卓然有效。

20.《学生人生观素质教育》

当代的中学生是跨世纪建设有中国特色社会主义的主力军,他们的人生观如何,关系到他们的本质是否能够得到全面提高,关系到我国社会主义大业的兴衰。因此,学校必须加强对中学生进行人生观教育。在校学生是我国社会生活中被寄予厚望的最重要的群体,他们的人生观变化是社会变化的晴雨表。人生观不仅影响他们个人的一生,而且对国家的前途、命运产生相当大的影响。因此,学校必须加强对中学生进行人生观教育。

由于时间、经验的关系,本书在编写等方面,必定存在不足和错误之处,衷心希望各界读者、一线教师及教育界人士批评指正。

编者

目　录

第一章

学生心理素质教育的理论指导

1. 心理素质的结构与心理素质教育

心理素质是以生理素质为基础，将外部获得的东西内化成稳定的、基本的、衍生性的并与人的社会适应行为和创新行为密切联系的心理品质。人的心理素质是以生理条件为基础而形成的，由外在获得的东西转化为内部的心理品质；心理素质一旦形成，便相对稳定；心理素质由基本的心理品质构成，在已有心理品质基础上，可衍生出新的心理品质。同时，心理素质总是与人的适应行为和创新行为紧密相关的。

心理素质的结构

现代素质概念是一个发展性概念，主要是指主体在先天的生理基础上通过环境和教育的作用逐渐发展，并通过实践活动内化为个体相对稳定的、基本的、具有衍生功能的品质。或者说，人的素质是在先天生理基础上，通过环境、教育与主体交互作用而形成的比较稳定的、基本的身心特质。素质具有基础性、相对稳定性、结构整合性和发展潜在性的特点。

素质的结构包括生理素质、心理素质、社会文化素质三个基本维度。其中心理素质介于生理素质和社会文化素质之间，是个体遗传、环境影响和教育相互作用在人内部的积淀。同时，心理素质又是人的主体性结构的核心部分，推动、促进、制约人的整体素质的发展、提高和优化。人的自然遗传素质和身心潜能开发和实现程度，以及社会文化和历史经验在人的身心结构中的内化程度，都可以从人的心理素质发展水平上得到综合反映。

在心理素质结构中，各维度的功能是不同的。认知维度是人对

2

客观现实的反映活动，直接参与对客观事物的具体操作，是心理素质结构中最基本的成分。个性维度是指人对客观现实的对待活动，虽然不直接参与对客观事物认知的具体操作，但是对认知活动具有动力和监控调节作用，是心理素质的动力成分。适应性因素是主体在社会化过程中，改变自身或改变环境，使自己的心理、行为与环境的变化相一致，它是认知因素和个性因素在各种环境中的综合反映，是个体生存和发展的必要心理素质之一。我们借鉴美国心理学家格兰特追踪研究个性适应的结构成分，结合学生的实际，认为适应能力主要包括身心协调、学习适应、生活适应、人际适应、挫折耐受力等因素。

中小学心理素质教育的结构

心理素质教育是心理教育工作者对青少年儿童施加直接或间接的影响，进而提高他们心理活动的机能，充分发挥心理潜能，提高心理素质的育人活动。实施心理素质教育，其根本任务在于培养和发展学生的心理素质。具体包括两个方面：发展性任务，主动地、有意识地、有目的地促进学生良好心理素质的健康发展，发挥学生的心理潜能，形成正常的智能，树立正确的自我观念，养成乐观进取、自信自律、负责守信、友善乐群、开拓创新、不畏艰险的健全人格；积极适应和防治性任务，即培养学生对社会环境、人际环境、生活环境和学习环境的适应能力，能够表现出与环境变化相一致的心理和行为，预防和矫正各种异常的心理和行为，消除心理和行为障碍。

（1）培养学生主动发展

主动发展和积极适应是心理素质教育的两大构成要素。中小学心理素质教育的最终目的在于使学生的心理素质在教育的作用下得到和谐、全面、健康的发展。因此心理素质教育的基本内容应该是心理发展性教育，即关注主体的心理发生、发展是否顺利、健全，心理潜能是否得以发挥。

心理发展性教育包括如下内容：通过人生观、价值观教育，让学生树立正确的人生价值观；通过自我教育、自我管理，让学生正确认识自我、评价自我、接纳自我、控制自我；通过生活技能训练和挫折教育，让学生学会正确对待现实环境，珍视顺境、重视逆境、战胜困境；通过交往规范的学习、交往媒体的掌握、交往技能和方法的训练，培养学生协调和处理人际关系的能力，使他们敢于交往、善于合作；通过学习指导，让学生愿学、会学、能学、乐学；开展丰富多彩的、积极健康的课余活动，培养少年儿童高雅的情趣和高尚的情操；通过情感教育活动，培养他们积极乐观的心态，有效地调节和控制自己的情绪。

学生良好心理素质的培养和心理潜能的发挥的一个基本前提是在日常生活、学习、交往活动中，有意识、有目的、有计划的发掘、渗透心理素质教育内容和要求，即根据学生心理素质发展的总体趋势和年龄特征，主动促进其心理素质发展。为此，教育工作者必须把握少年儿童各种心理素质发展的总趋势及综合影响因素，也应该了解各种心理素质发展的年龄阶段特征和发展任务。

（2）培养学生积极适应

积极适应是心理素质教育的另一个重要因素。由于教育本身的因素、家庭因素、社会因素以及学生自身成长性因素的综合制约和影响，成长中的青少年儿童心理素质偏离正常发展方向和序列，出现各种心理和行为障碍，这是完全可能的。对于学生的各种异常心理和行为，主要通过心理适应性教育即心理健康教育来解决。心理适应性教育主要关注个体心理适应良好与否、心理健康水平的高低、心理调节能力的强弱，其目的在于预防和矫正心理和行为障碍，增强适应能力，维护心理健康。心理适应性教育的内容和方法应该根据学生心理和行为异常的类型及特征来选择和实施。

适应学习，如学习环境的熟悉、学习任务要求的了解、学习时间的安排、学习方法的掌握、学习习惯的养成、学习兴趣的发展、学习动机的激发、应考技能的掌握、应考心态的调整、学习疲劳和两极分化的预防等；适应生活，如生活环境的熟悉、生活内容的调整、生活方式的改变、生活习惯的养成、生活态度的形成以及合理应对生理发育而诱发的心理压力、矛盾和烦恼；学会做人，如处理个人和集体规范、他人要求、社会公德的关系，处理自己的各种社会角色之间的关系等；适应人际交往，学会处理与各种交往对象的关系，如师生关系、亲子关系、同学关系、同伴关系、异性同学关系，掌握与不同对象交往的规范，学习交往媒体，形成交往技能，消除人际交往的矛盾和障碍，缓解交往压力。

总之，心理素质教育中主动地培养和发展学生良好的心理素质，这是根本任务和最重要的内容，也是开展心理适应性教育的前提。心理发展性教育既需要专门的心理课程、心理辅导、心理咨询等专门活动，更应当融入常规教育、教学活动中。心理适应性教育是心理发展性教育的必要组成部分，也是学生心理素质健康发展的基本保证，通常他是依靠心理教育课、心理讲座、心理咨询以及讨论、辩论、角色扮演、现场实践等活动来实施。

心理素质教育的主要功能

心理素质教育是社会文化素质和先天遗传素质的中介因素，实施心理素质教育，必将有利于学生政治思想道德素质、科学文化素质、交往素质、审美素质、劳动实践素质、创造素质的培养和发展。心理素质教育的主要功能体现在：

（1）基础优化功能

学生德、智、体、美诸种素质的提高和有效发展都必须以心理素质为基础和中介，他们的健康发展都要以正常的、健全的心理发展为前提。如果学生没有必要的、正常的认知素质、包括一般认知能力，如观察力、记忆力、思维力、想象力和元认知能力，如学习、活动的意识性、计划性、监控性，没有健康的、积极的情感品质和意志品质。没有抱负水平、独立性、求知欲、坚持性、自信心、自制力、责任感、理智感、创造性等个性心理素质的参与，任何学习、活动都将失去基础和中介而化为乌有。同时，如果青少年儿童出现适应性障碍，身心失调、情绪失调、学习心理失调、交往失调以及挫折承受能力差，他们也不可能进行高效的学习活动。

开展心理素质教育，促进学生心理素质的健康发展，消除心理障碍，化解心理矛盾，可以为学生进行正常的学习、生活、交往、活动提供良好的心理背景，为他们的社会文化素质的健康发展提供心理基础。

（2）执行操作功能和动力调节功能

心理素质是人的其他素质发展的加工器、监控器、发动机和调节剂。学生的德、智、体、美诸方面素质的发展，正是依靠心理素质的执行、操作功能得以实现的。学生所接触的知识信息、道德准则、客观事物等一切外界对象，正是依靠人的素质结构中心理素质这个信息加工器，通过观察、记忆、思维、想象、注意等心智加工过程，逐渐被个体内化并积淀下来。

在加工处理外界信息的过程中，受到意识性、计划性、监控性等元认知因素的调节、监督和控制。而抱负水平、自信心等个性心理素质则为信息的加工处理提供动力，发动、激励加工操作活动，维系加工操作活动的进行和完成。少年儿童综合素质的发展水平与程度如何，在很大程度上取决于其心理活动机能的发展水平和心理潜能的发掘程度，取决于认知素质、个性心理素质和适应性素质的发展水平。

（3）社会化保障功能

青少年儿童的成长是由儿童向少年、青年的过渡，由自然人向社会人的转化。社会化是其成熟的主要标志和必要条件。社会化强调社会教化作为外部动因必须通过个体内化才能得以实现，个体内化是社会教化实现的内部动因。只有充分调动内在动因，才能将社会、家庭和学校所要求的知识技能、道德观念、意识形态等内化成青少年儿童的自身素质。显然，心理素质教育在青少年儿童内化社会规范和知识信息的进程中存在特殊的保障作用。

在学生学习掌握基本生产、生活知识和技能方面具有健全发展功能。心理素质教育一方面强调遵循青少年儿童认知和个性发展的共性规律、发展任务的阶段性和连续性，另一方面也强调发展的差异性和不平衡性。既要保证群体素质的整体提高，又要促进个体积极、主动、健康发展。

在遵从社会规范及适应社会生活方面的契合防治功能。心理素质教育通过引导学生树立心理健康观念，培养和增强他们积极适应、自我调节的能力和技巧，与他人、社会协调相处，建立良性互动的人际关系。心理素质教育的有效实施，对于青少年儿童的心理和行为障碍具有诊断、预防和矫正作用。

当然，心理素质教育的这些功能的发挥，还有待于心理素质教育操作系统的科学构建，心理素质教育的科学方法和途径的合理选择和利用。

2. 学生心理素质教育目标

心理素质薄弱是当今学生中不容忽视的现实问题，现实社会中中学生的种种不良行为，已向心理素质教育敲响了警钟。中学生心理素质的高低，关系到中等教育的发展乃至全民素质的提高。加强中学生的心理素质教育，提高其心理健康水平，对培养未来建设者有着重要的意义。对中学生进行心理素质教育，不仅重要，而且势在必行。

树立明确的学生心理教育目标

对中学生进行心理素质教育，并不是一件容易的事情。因为，心理素质是个体在遗传的基础上，通过后天的教育和环境的影响而形成的较为稳定的心理品质，它包括人的智力和非智力因素。就目前看，加强学生的科学世界观和理想教育、提高挫折承受力、培养学生良好的个性是学生心理素质教育的当务之急。

（1）加强科学世界观和理想教育

加强学生的科学世界观和理想教育，是进行心理素质教育的前提条件。世界观和理想是人的认识活动的定向工具和行为的最高调节器。学生只有确立了科学的世界观，树立崇高的理想，才能产生学习的动力，在生活中，才能主动地克服困难，排除消极情绪的影响。不畏困难，保持开朗乐观的情绪，是人心理健康的重要标志。对学生进行科学世界观和理想教育时，教师要注意引导学生把崇高的理想跟眼前的学习活动结合起来，渗透到他们生活的各个方面，这种世界观和理想教育，才能真正做到调节行为，保持学生健康向上的心理。

（2）培养自我调控情绪的能力

提高学生挫折承受力，培养学生自我调控不良情绪的能力，是维护学生心理健康的重要保障。每个人的挫折承受力是不同的，有的人遇到一点轻微的挫折就引起主观世界的紊乱，颓废沮丧，一蹶不振；有的人即使遇到重大挫折，仍意志坚定，百折不挠，顽强进取，直到最后胜利。可以说，挫折本身并不可怕，可怕的是缺少挫折承受力。因此，当中学生遇到挫折时，要引导他们采取积极的态度去对待，一方面正确分析引起挫折的主、客观原因，以便继续努力达到最后胜利；另一方面，要明确认识挫折对每一个人来说都是不可避免的，关键是如何对待。挫折对于一个人的成长来说，不无积极意义，人经历了挫折，可以从中吸取经验教训，变挫折为动力和机遇。除此，还应注意培养学生自我调控不良情绪的能力，让学生学会运用积极的心理防御机制，如自我语言暗示、转移注意、适当发泄、倾诉等，以便及时缓解心理压力，减轻焦虑和消极情绪，这对于及早化解困境、维护心理健康是十分有利的。

（3）培养学生的良好个性

培养学生良好的个性，是心理素质教育的重要任务。个性反映了一个人的心理面貌，是个人心理素质的重要组成部分。良好个性心理的培养和塑造已成为人类教育工程的重要目标。学生正处于心理急剧发展和自我意识由矛盾趋于统一的特殊时期，个性的发展正处于统一和完善的关键时期。良好个性的形成会使学生在学习和生活中如虎添翼，而不良的个性会使他们屡屡受挫。学生良好个性的培养，并不是轻而易举的事情，必须掌握一定原则，寻找合理的途径。如通过合理的组织管理，培养学生良好的生活和学习习惯；通过社会实践活动，培养学生的社会责任感、义务感和乐于奉献等个性品质；通过组织集体活动，培养学生团结协作、相互帮助等良好性格特征；通过开展各种竞赛活动，培养学生积极向上乐于进取的创造个性。

学生心理素质教育途径选择

选择良好的心理素质教育途径，对于提高教育效果具有十分重要的意义。针对我国当前中学教育实际和中学生心理健康实际，应在以下几个方面着力。

（1）创造良好的校园文化环境

校园文化环境直接关系到中学生的健康成长。高尚的校风、丰富多彩的文体活动、良好的教学秩序、宽敞的教室、卫生清洁的食堂、温馨舒适的宿舍等，不仅能美化学生的心灵，陶冶情操，而且可以激发学生的上进心。因此，创设良好的校园文化环境，不但有利于学生更好的学习和生活，而且也有助于缓解中学生在学习、生活中的心理压力。用良好的校园文化氛围，感染、熏陶、激励学生形成良好的心理品质，提高心理素质，也是提高心理素质教育效果的重要条件之一。

（2）创设良好的人际关系环境

人际关系的好坏，往往是一个人心理健康水平、社会适应能力的综合体现。心理学研究表明，人类对爱、关心、尊重等交往活动的需要，在重要性上并不亚于食物性等生理需要。如果这类需要不能得到满足，人就会像吃不饱而营养失调一样，导致心理上的失调。对于刚离开亲人呵护的学生来说，获得良好的人际关系，更具有特殊的意义。为使学生建立和谐的人际关系，重要的是帮助学生树立健康向上的交往意识。人际关系是个互动的过程，一个人只有主动与别人交往，并在交往中尊重和信任别人，才能真正获得他人的喜欢、尊重和信任，才能建立良好的人际关系。同时，学校还应创造各种条件，支持中学生的人际沟通和交往，如开展校与校之间、班级之间的联谊活动、文体活动等，以便在实践中培养锻炼学生的交往能力，掌握有关人际的技巧。

（3）发挥心理教育课程的主渠道作用

学校思想政治课开设了一定的心理教育内容，要积极引导学生运用所学心理学知识，提高自身的心理素质。因此，根据相关教学内容，结合学生的生活实际，加强学生心理素质教育是十分可行的。如结合记忆、思维、注意等认知部分的教学，让学生分析了解自己记忆、思维、注意等心理品质，扬长避短，提高学习和工作的效率。结合情感、意志等部分的教学，可培养学生健康的情绪、高尚的情操和良好的意志品质。结合个性心理等部分的教学，可培养学生乐观向上、开拓创新、独立自主等良好的个性。发挥思想政治课教学

的功能，教给学生一定的心理健康知识，这是能否取得心理素质教育效果的关键。

（4）积极开展心理咨询活动

学校心理咨询是维护学生心理健康的有效途径。学校心理咨询是学校心理健康教育的特设机构，是咨询人员对于求询学生从心理上进行帮助的活动，其目的是帮助学生纠正心理上的不平衡，改变原有的认知结构和行为模式，以提高学生的社会和学习适应能力。学校心理咨询的形式多种多样，有个别咨询、群体咨询、电话咨询、心理咨询等。咨询的内容涉及到学生生活的各个方面，如学生的入学适应问题、人际交往问题、早恋问题等等。实践证明，心理咨询是消除学生心理困惑，使学生走出心理误区，维护其心理健康的有效途径。

时代呼唤高素质人才，高素质人才必须具有良好的心理素质。加强学生心理素质教育，提高心理健康水平，是保证培养高素质人才的前提和基础。

3. 学生心理素质教育的必要性

心理素质作为人的整体素质的重要组成部分，正日益受到人们的重视。一个民族的新一代，没有强健的体魄和良好的心理素质，这个民族就没有力量，就不可能屹立于世界民族之林。因此，培养大学生良好的心理素质，使之成为能承担跨世纪重任的高素质人才，其必要性是显而易见的。

市场经济体制的建立需要

随着社会主义市场经济体制的逐步建立和发展，与市场经济相适应的价值规律、等价交换原则、公平竞争原则、诚实守信原则，无不直接或间接影响着学生思想行为，增强了他们的成才意识、竞争意识、风险意识和效率观，这些积极因素需要学生从心理上适应，以便走向社会，在新的社会环境下调整、完善自己，实现人生价值。另一方面，社会转型过程中也不可避免出现拜金主义、个人主义、享乐主义等不良现象，淡化了人们的全局观念、奉献意识和社会责任感。若不加强学生心理素质教育，从心理上予以抵御，这些消极因素就会滋生蔓延，使学生在观察、了解人生和社会时出现困惑、迷茫，不利于学生的成才和社会的发展。

学生自身发展成长基本需要

随着当代学生主体意识的增强，他们渴望自我的完善与发展，并通过努力奋斗，实现自己的人生价值，获得社会的认可。一方面，在学业成败上，学生已认识到心理素质状况对学业的制约和影响，希望找到并克服自身存在的不良心理因素，端正学习态度，增强专业兴趣和学习动力，保证良好的心理状态以顺利完成学习；另一方面，当今社会发展日趋迅速，竞争日趋激烈，对人才的素质要求越来越高。而当今社会高节奏、高风险、高压力的特点，对学生心理承受能力要求也越来越高。渴望实现自我理想和自我价值的学生，面对社会现实，更加迫切希望能消除自身存在的如情绪不稳定、心胸不豁达、没有恒心、意志不坚定等不良心理素质，增强承受心理压力和处理心理危机的能力，从而适应社会发展的要求。

学生道德素质的提高需要

对学生进行德育，提高大学生道德素质，关键是把一定的道德准则内化为学生个体的思想品德。正如苏霍姆林斯基所说："道德准则，只有当它们被学生自己去追求，获得亲身体验的时候，只有当它们变成学生独立的个人信念的时候，才能真正成为学生的精神财富。"在这种内化过程中，心理因素起着巨大的作用。只有在心理因素的参与、促进下，外界的一切才能内化成个体意识，进而再把个体意识外化成个体品德、行为习惯、价值取向等。可见，大学生心理素质的提高与道德素质的提高是成正比的。

4. 实施心理素质教育是时代的需要

当前，学生在人际关系、学习、就业等方面的心理问题已经十分集中和突出，不论是时代发展、素质教育、人才培养还是德育工作的需要，都要求必须加强实施心理素质教育，应鼓励教师学习相关知识、建立专门的教育机构、开展科学研究、丰富教育内容、发动社会各方力量以全面推动实施心理素质教育。

时代发展的需要

改革开放的形势下，尤其是在上个世纪 90 年代以来，我们的社会迎来了"三高"浪潮：高科技、高效率、高竞争。高科技要求人们有较高的智力发展水平，重视身心潜能的开发；高效率要求人们学习、办事有高速度和快节奏，也就是要求人们树立时间观念、效率观念，尽量防止身心的疲劳倦怠和注意力的涣散；高科技与高效率必然带来高竞争，高竞争则要求人们具有耐挫力，也就是要有正常的心态，能正确面对竞争中的挫折与失败，防止消沉、颓废、沮丧、偏激的心态出现。

素质教育的核心

素质教育就是要求学生在德、智、体、美等方面的素质全面发展。《中国教育改革和发展纲要》指出："全面提高学生的思想道德、文化科学、劳动技能和身体心理素质，促进学生生动活泼地发

13

展。"大学生的素质发展有多方面的内容，心理素质不仅是其中重要的组成成分，而且对其他的素质发展有很大的制约作用。有测验表明：一部分学生的学业成绩低是由于心理素质造成的。此外，大学生心理状态是否正常、健康，往往会影响他们的学习态度和对前途的看法，是关系到他们能否健康成长的重要问题。由此可见，心理素质教育在素质教育中处于核心地位。

人才培养的要求

21 世纪跨入知识经济时代，人才竞争更加激烈，对人才的要求也不仅限于"知识"的多寡。敢于冒险、善于竞争、善于合作、富于创造是 21 世纪对人才规格的基本要求，而这些品质无一不是与良好的心理素质密切相关。高等教育培养的是社会主义事业的建设者和接班人，我们不仅要帮助大学生构建合理的科学文化知识结构，还要让他们学会如何适应未来的社会环境。因此，实施心理素质教育不仅是大学生成长的需要，还是未来人才培养的需要。

德育工作的补充

心理素质教育是德育工作的延伸和补充。德育工作作为教育工作中"树人"的重要手段，历来受到人们的重视，而心理教育长期以来却一直被忽视。事实上，心理教育与德育的关系十分密切，是新形势下德育工作的延伸和补充，因为通过心理素质教育有助于了解学生的心理特点，并可针对其特点"有的放矢"地开展德育工作，从而提高德育工作的效率。同时，良好的心理素质是优良的道德品质和高尚的思想觉悟得以形成的沃土，而良好的思想觉悟和道德品质又会促进心理品质的进一步提高。

5. 学生良好心理素质标准的界定

近年来，一些高校通过对学生心理素质教育理论与实践的不断探索，认识到开展心理素质教育应采取"不治已病治未病"的原则，即不能等到学生有了心理问题之后才予以关注，而应当学生的心理处于正常状态时，就要像锻炼身体一样去培养、训练，提高他们的心理素质。然而，这仅仅针对的是学生心理素质教育观念上的一种创新，对于心理素质教育的目标，即学生怎样才算是具备良好的心理素质，以及如何开展心理素质教育，却一直缺乏系统的界定和深入的探讨，接下来，笔者结合多年的学生工作经验和理论研究工作，对良好的心理素质标准给出了描述性的框架：

保持学习的兴趣

学生能保持对学习、研究较浓厚的兴趣，有高速处理信息、数据、知识的能力。智力正常是人一切活动的最基本的心理条件。学习和科研是在校生的主要内容。心理素质好的学生珍惜学习与科研机会，求知欲望强烈，能克服其中的困难，能保持一定的学习效率，从学习中体验满足与快乐；在兴趣之上我们还要进一步培养学生的能力，因为知识经济是建立在高科技基础之上的经济形态，知识正在逐步取代传统的资本和权力，成为世界经济发展的支配力量，知识经济使知识信息传播手段在空间和时间上发生变化，知识更新周期缩短。所以学生应该具有利用知识进行创新和创造的能力。

自我意识正确

自我意识是指人对自己以及自己与周围世界关系的认识和体验，人贵有自知之明，心理素质好的学生了解自己，接受自己，既不妄自尊大去做非力所能及的工作，也不妄自菲薄而甘愿放弃自己可以发展的机会：挫折包括挫折源和挫折感受两层意思，高校学生由于对生理、心理、物质或精神动机的需要有了比高中生更深、更广的要求，遭遇各种各样的挫折的机会也会随着目标的提升而增加；心理素质好的学生遇到挫折会清醒认识现实，考虑对策，不断分析自己的动机，修正目标，调动潜能，激活思维，将挫折转化为奋斗的动力。

能协调与控制情绪

情绪影响人的健康，影响人的工作效率，影响人际关系。心理素质好的学生能经常保持愉快、开朗、乐观的心境，对生活和未来充满希望，虽然也有悲、忧、哀、愁等消极体验，但能主动调节，同时能适度表达和控制情绪，喜不狂、忧不绝，胜不骄、败不馁：环境适应能力则包括正确认识环境以及处理个人与环境的关系，心理素质好的学生在环境改变时能面对现实，对环境做出客观的认识和评价，使个人行为符合新环境的要求，能和社会保持良好的接触，对社会现状有清晰的认识，抵制环境中的消极影响，及时修正自己的需要和愿望，使自己的思想行为与社会协调一致。

保持和谐的人际关系

意志是指人在完成一种有目标的活动时进行选择、决定和执行的心理过程。优良的意志品质包括个人在行动中的自觉性、果断性、顽强性和自制力等方面都表现出较高的水平，心理素质好的学生在各种活动中，都有自觉的目的性，能适时做出决定并运用切实有效的方法解决所遇到的各种困难，在困难面前能采取合理的反应方式，能在行动中控制自己的情绪和言行，而不是行动盲目、优柔寡断、轻率鲁莽、害怕困难、意志薄弱、顽固执拗、言行冲动：而人际关系状况能充分体现和反映人的心理素质的状况，心理素质好的学生乐于与他人交往，能用尊重、信任、友爱、宽容、理解的态度与人相处，能分享、接受和给予爱和友谊，与集体保持协调的关系，能与他人同心协力，合作共事，乐于助人。

以上提及的这四项要求顺次提高，其中，自我学习、科研能力的提高是对一个学生的最基本要求，也体现了高校为国家培养人才的初衷，同时，学生时光是学生踏入社会前的最后一次准备，同时也是最充分的一个积累过程，因此它起着承上启下的一个关键性作用，在这个过程中，除了学习知识，对于未来的自我认知，对于挫折的正确对待都是至关重要的；随着知识经济的大发展，不管是在学校还是社会工作中，团队协作都越来越重要。因此，对学生协控能力和自我解压能力的培养就成了更高层次的要求，最后，也是最高的目标，是要培养学生优良的意志品质。

6. 学生的心理素质教育与思想政治教育

人的综合素质是由多种要素构成的具有层次性的有机整体。心理素质是人的综合素质重要的组成部分，它同时也是 21 世纪人类生存和发展不可缺少的重要素质。对现代教育而言，没有心理素质的教育，便没有真正意义的综合素质教育。加强学生心理素质教育是全面推进素质教育的重要内容，是培养高素质人才的重要环节，是加强和改进学生思想教育工作的重要任务。

新时期高校心理素质教育的重要性

高等学校担负着培养高素质人才的光荣使命，是培养社会主义现代化建设接班人和建设者的重要阵地。高素质人才，要有良好的思想道德素质、科学文化素质和身体素质，也要有良好的心理素质。

知识经济时代，国家的强盛，民族的振兴需要更多高素质人才，心理素质则是高素质人才的根本。一个民族的新一代，没有强健的体魄和良好的心理素质，这个民族就没有力量，就不可能屹立于世界民族之林。事实说明，一个民族，没有振奋的精神和坚强的意志，不可能屹立于世界民族之林。一个人，没有振奋的精神和坚强的意志，不可能成为高素质人才。高等院校的教育尤其高校思想政治教育与心理素质教育结合得如何直接关系到我们接班人和建设者的质量问题，而我们接班人和建设者的质量如何影响着国家和民族的兴衰存亡。

（1）社会发展对学生心理素质提高的迫切要求

高校加强心理素质教育是社会发展对学生心理素质提高的迫切要求。社会发展对人的心理素质的要求日益增强。一是现代社会的飞速发展，彻底打破了传统社会中人们的生产和生活秩序，社会竞争日益加强，科学技术向社会生产和社会生活渗透的两面性因素，都使人们的心里世界受到前所未有的冲击，心里矛盾加剧。二是现代社会较之传统社会对人们的创造性、社会心态、心理承受能力和人际关系提出了前所未有的要求。人们普遍认识到，没有健康的心理世界，人类在物质生产和科学技术领域的一切活动都失去了意义，没有人类整体心理水平的提高和发展就没有真正意义的社会进步。良好的心理素质在未来社会人才素质中的重要地位已成为世界教育界的普遍共识。三是"心理素质不仅是人的素质的重要组成部分，而且是制约其他素质形成和发展的中介变量，心理素质教育是素质教育的出发点和归宿"是素质教育的基础。现代社会已认识到心理素质是人的素质结构中其他要素不能代替的。人的综合素质一般包括生理素质、思想政治素质、文化素质、智能素质、心理素质等几方面。

人的综合素质中各个要素分别反映人的特定层面，不能缺少其中一个方面，也不能用一个方面代替另一个方面。同时心理素质是人的其他一切素质的支撑点。一个有意义学习的基本条件在于必须依赖学习者内部心理结构。这个作为学习支撑点的内部心理结构在认知心理学家布鲁纳那里被称为认知结构。

（2）满足学生成长成才的迫切要求

高校加强心理素质教育是以学生为本，满足学生成长成才的迫切要求。学生是学校教育培养的对象。以人为本，不断满足学生发展的多方面需要，促进学生全面成长成才，成为中国特色社会主义事业的合格建设者和可靠接班人，是高校一切工作的出发点和落脚点，是实践"三个代表"重要思想的根本要求和具体体现。当代中国学生大多为独生子女，他们是一个承载社会、家庭高期望值的特殊群体。他们自我定位比较高，成才欲望非常强，但社会阅历比较浅，心理发展并不成熟，极易出现情绪波动。随着经济社会的发展，特别是涉及大学生切身利益的各项改革措施的实行，学生面临的社会环境、家庭环境和学校环境日益纷繁复杂。他们面临的学习、就业、经济和情感等方面的压力越来越大，不可避免地会形成各种各样的心理问题，急需疏导和调节。

（3）改进学生思想教育工作的迫切要求

高校加强心理素质教育是改进大学生思想教育工作的迫切要求。学生正处于人生发展的重要时期，学习阶段是世界观、人生观、价值观形成的关键时期。尤其是对于在校学生来说，他们在成长过程中遇到的困难和矛盾，产生的困扰和冲突，会形成这样或那样的心理问题。而这些心理问题又往往同他们世界观、人生观、价值观的形成交织在一起。心理问题，是世界观、人生观、价值观问题在心理方面的反映。心理问题的解决，从根本上讲要以树立正确的世界观、人生观、价值观为前提。反过来，心理问题的存在，也必然影响正确世界观、人生观和价值观的确立。

（4）新时期培养高素质人才构建和谐社会的迫切需要

高校加强心理素质教育是新时期培养高素质人才构建和谐社会的迫切需要。构建和谐社会需要多方面多层次的人才，人才的质量如何影响着和谐社会的构建。高等学校担负着培养高素质人才的光荣使命，高校的心理素质教育事关高等学校人才培养工作的成败。因此，加强大学生心理素质教育，就是要培养学生良好的个性心理品质，提高学生的社会适应能力、承受挫折能力和情绪调节能力，促进他们的心理素质与思想道德素质、科学文化素质和身体素质的全面协调发展，使他们成为社会主义现代化建设优秀的接班人和建设者，成为和谐社会所需要的高素质人才。

心理素质教育工作存在的主要问题

学生心理素质教育工作起步于 20 世纪 80 年代中期，经历了一个逐步被认识，逐步受重视，逐步得到加强的过程。随着心理素质教育的逐步普及，重视心理素质的观念正在被广大教育工作者、学生及各方面所接受和支持。我国高校心理素质教育工作开展积极引导大学生保持健康向上的心理状态、树立良好的精神状态的工作取得了显著的成绩。我们在看到成绩的同时，也要清醒地认识到，学生心理素质教育工作是目前最艰巨的任务。

（1）环境变化引发的问题

从国际环境来看，经济全球化的迅猛推进，不同文明、文化、生活方式的融合与冲突、矛盾和困惑十分突出。从国内环境来看，随着社会主义市场经济体制改革不断深化，社会经济成分、就业方式、分配方式、利益关系、价值观念日益多样化，社会思想空前活跃、多变和复杂。从科学技术的发展看，信息网络技术及传播手段发生重大变革，互联网已经成为高校学生获取知识和信息的重要渠道和表达思想、交流感情的重要场所，对学生的心理产生重大影响。从高校教育自身来看，高等教育进入大众化阶段，学生群体的规模、素质、结构及其社会地位发生了深刻的变化，交费上学，自主择业，家庭贫富差距等，使得当代学生心理问题更加突出。

（2）思想观念上引发的问题

有两种比较突出的不正确倾向：一种是片面夸大心理素质教育的作用，把学生中存在的一些思想观念、价值观念乃至政治观念上的问题，都归因于心理素质教育的问题，以为心理素质教育是万能的；另一种是将学生中出现的各种问题统统视为思想品德问题，忽视心理素质教育功能和作用，认为思想品德教育能替代心理素质教育，将心理素质教育等同于思想品德教育。同时高校心理素质教育工作理论研究相对不足，主要表现是：宏观研究少，微观研究多；超前性研究少，事后泛泛议论多；深入剖析少，浅层分析多。"研究不系统，且研究重在心理健康教育和咨询，没有囊括心理素质教育的全部内容。"对于大学生心理素质教育的内容和目标等问题的研究也只是有个别人作了一些不系统的理论探讨。总体来说，目前我国高校的心理素质教育缺乏系统、专业的理论指导，这是阻碍学生心理素质教育的一大理论问题。

（3）实践中存在认识误区

重心理测试、轻科学分析。有的高校把心理素质教育简单地等同于心理测试，在所谓的硬件上下功夫，热衷于搞各种心理测试，把心理素质教育形式化和简单化，对心理问题的科学分析不够。在心理咨询中重障碍咨询、轻发展咨询。由于我国高校的心理素质教育大多是从解决学生的心理障碍入手的，使一些人误认为高校心理咨询的对象只是存在心理障碍、人格缺陷的异常学生，而与多数心理健康但面临着成长与成才、情感与事业、日常生活事件的处理等诸多问题的大学生无关，致使高校心理素质教育的对象和范围受很大局限，影响了心理素质教育作用的发挥。

重心理问题诊治、轻预防引导。目前，全国大多数高校成立了学生心理咨询机构。然而，一些高校却存在着心理素质教育定位不准、重视个别学生的咨询诊治而轻视普遍防治引导的问题。重心理问题的调查、轻心理求助方式的调研。有些高校在开展心理素质教育的调研中，主要是对学生的心理问题进行调查，并根据调查结果研究制定相应的措施，却很少关注大学生的心理帮助与求助方式，如对学生在遇到心理问题时是否愿意求助于心理咨询机构、他们最愿意采取什么样的求助行为等等研究不够。五是重心理课程的开设、轻心理训练活动的开展。有些高校热衷于开设心理知识类的课程，将心理知识教育简单等同于心理素质教育，而轻视心理活动的训练。

（4）心理素质教育师资短缺引发的问题

我国对从事心理素质教育工作的人员有一定的要求，但不是很高，如要具有必要的心理学知识，掌握一定的心理辅导和心理治疗的基本技巧和方法，能熟练运用一些基本的心理测试工具等。目前我国已加强了这方面的师资培训工作，但从实际情况来看，师资短缺仍是制约高校心理素质教育发展的一大问题。一些高校虽成立了心理健康教育机构，建立了心理咨询室，却因为缺少训练有素、专业过硬的教师，工作难以有效地开展。当前乃至今后一段时期，专业化的师资人员短缺将是高校心理素质教育工作中需要解决的急切问题。

新时期加强和改进高校心理素质教育的对策

新的历史时期我们要积极开展心理素质教育，把解放思想、转变观念放在首位，优化育人环境，实现心理素质教育与学生思想政治工作的高度协调，这样不仅可以减少学生的心理疾患、提高心理健康水平、优化心理素质，而且有助于促进高校思想政治工作的高效、有序开展，为实现高等教育培养目标奠定基础。

（1）树立正确的心理素质教育观是加强心理素质教育的核心

我国高等学校的心理素质教育要在马克思主义关于人的本质科

学理论指导下，在理论上切实提高心理素质在人的综合素质中的地位和重要性的认识，把心理素质作为人才培养目标的重要组成部分。结合我国的国情批判地吸收西方心理素质教育的优秀思想理论，来创制适合我国的心理素质教育模式。

按照马克思主义的观点，心理的东西是人在实践基础上对外部世界的能动反映。人的思想活动规律受制于心理活动规律。恩格斯认为，"外部世界对人的影响表现在人的头脑中，反映在人的头脑中，成为感觉、思想、动机、意志"。这就是说，人的思想和心理是密不可分的，而人的行为又是受人的思想和心理共同支配的。人的任何心理总是在认识活动的基础上形成动机、态度、情感和意志，进而形成比较稳定的个性；人的心理与人的行为联系密切。从人和社会的关系来看，人的心理是个体心理和群体心理的总和；心理是在社会交往和社会实践中的心理过程与心理状态、个体心理与群体心理、内隐心理与外显行为的统一体。国际教育界在构建面向21世纪教育和人才蓝图时，从未来社会对人才的全方位要求出发，普遍认识到心理素质在未来社会人才素质中的重要地位，提倡提高受教育者的综合素质尤其是心理素质的思想和理论应是各国教育改革的主流。

我国要从21世纪国际社会和教育对人的心理素质型要求的战略高度，来规划高等教育培养具有优秀心理素质的新型人才的战略方案，我们要建立包括心理素质在内的高等教育的目标体系，建立教育在人的发展包括心理素质发展中的主导地位，加强对人的综合素质各要素相互联系的内在机制的研究，同时在认识上要克服四个误区：一是教育目的观的误区，认为教育是实用的，他们的目的思想就是工具主义；二是教育功能观的误区，认为教育对人的心理素质的作用不大，心理素质是个人的成熟、经历和环境的产物；三是教育价值观的误区，心理素质的教育是知识教育的附属物；四是学生观的误区，认为学生的成熟无需教育。

（2）心理素质教育与思想政治教育的有机结合是心理素质教育的重要环节

心理素质教育与思想政治教育在理论和实践方面都有着显著的区别，不能混为一谈或互相替代。二者在目标、理论基础、内容和发挥作用的方式等方面都有着明显的差异。所以，我们既不能想当然地用思想政治教育代替心理素质教育，也不能以心理素质教育去取代思想政治教育。同时我们又应看到，学生的思想品德和行为问题往往是心理问题和思想问题交织在一起，人的行为是心理和思想的结果。"人的行为既受思想的支配，同时也受心理的支配。因此，人们在社会生活中所表现的行为中有些属于思想行为，有些属于心理行为，并且通过这种形式变成'理想的力量'。"

心理素质教育与思想政治教育在本质上都是以培养全面发展的人为宗旨，可以在促进大学生健康成长的过程中各司其责，并能相互借鉴与提高，具有异曲同工、殊途同归之效，因而加强心理素质教育与思想品德教育的有机结合非常必要。思想政治教育指明人的综合素质以及心理素质提高的方向，加强和改进学生思想教育工作，要在理想信念、思想品德、行为养成、心理健康等各个层面全面展开，使思想政治教育与心理素质教育互相补充、互相促进。要紧紧把握学生的思想脉搏和心理特点，遵循思想教育与心理素质教育的规律，将学生心理健康教育与学生思想教育紧密结合起来。在日常思想教育工作中，要注意区分学生的思想道德问题与心理问题，善于对学生的心理问题有针对性地进行辅导或咨询，对有心理困扰、心理障碍的学生提供及时必要的帮助。心理素质教育和心理咨询应改变过去那种坐等学生上门、个别保密交谈的单一方式，采用课堂教学、小组讨论等多种形式，普及心理健康的理论和方法，培养和提高学生的心理自我调适能力，以促进学生心理素质的健康发展。

在心理素质教育工作中，要以辩证唯物主义和历史唯物主义为指导，既要充分认识心理素质教育的重要作用，又要防止孤立地、片面地夸大心理及其教育的作用，确保心理健康教育工作沿着正确方向发展。要重视学生的内在心理需要，学生的内在心理需要是他们接受外部教育影响的根本前提。从学生思想政治素质形成过程来看，接受思想政治教育是学生主体出于提高自身思想政治素质的需要，是对教师传递的教育信息的理解与分析、反映与择取以及整合与内化的过程，是启动学生主体接受教育信息并保持向前发展的内在动力。只有思想政治教育内容满足学生心理需要，并经由各种教育渠道进入学生主体视野，才能促进学生通过各种途径去接受和践行这种思想。坚持心理素质教育与思想政治教育相结合，既要帮助学生优化心理素质，又要帮助学生培养积极进取的人生态度。

（3）过硬的教师队伍是加强心理素质教育的关键

心理素质教育是一项专业性很强的工作，对教师的专业素质要求较高。当前，高校心理素质教育的问题之一，是缺乏能够熟练掌握和运用心理学专业知识的教师。有资料表明，国外高校一般每两千名学生就拥有一个心理教育专职工作人员，"在美国，每个学校至少有6-7个专职的心理咨询员。"而我国高校通常一万多名学生才有一个心理教育专职工作人员。教师要成为学生心理健康的导航人，就必须具有足够的心理健康教育方面的知识，有良好的专业技能，仅凭热情和爱心是远远不够的。所以，对相关教师开展心理学知识的培训、提高其专业技能，是有效开展学校心理素质教育的前提，也是保证心理素质教育顺利实施的关键。

联合国教科文组织曾对学校心理学工作者的资格和训练提出三项要求：一是具有教学文凭和教师资格证书；二是具有五年以上的教学经验；三是系统修完有关心理学课程。为此，对从事心理素质教育工作的教师进行心理学知识和心理咨询技能的培训，不断提高他们的理论水平、实际操作技能和心理素质教育科研能力，才能进一步提高心理素质教育的质量。

在实践中可从以下几个方面着手：一是建设一支心理辅导教师专职队伍。心理辅导教师主要负责学校心理健康的规划和实施方案的设计，建立学生心理状况档案，开设心理教育课程和讲座，开展各种心理辅导培训和心理咨询、心理治疗等。二是加强思想政治工作者的专业培训。政治辅导员、班主任与学生接触多，最易发现和掌握学生中存在的各种心理问题，在心理素质教育中可以发挥独特的作用。因此，对他们进行心理素质教育知识和技能的专业培训是非常必要的。三是设立能担负高校心理素质教育工作的专门机构，负责全校心理健康教育计划的制订、协调和实施。

学校建立了心理教育与心理辅导中心，按在校学生人数 1500：1 的比例配备了多名专职人员、多名校内兼职人员和多名同伴咨询者，并划拨专项经费对各类专兼职人员进行专业训练，同时邀请临床心理医生定期到校坐诊。从而建立起较为完善的专职心理咨询师、德育工作者、临床心理医生、同伴咨询者的多层次心理健康教育工作网络，以满足不同的心理问题需要，应对不同学生的心理问题。只有机构落实，人员到位，方法得当，心理素质教育的开展才更有保证。

（4）课程改革和教材建设是心理素质教育的重要的前提

高校心理素质教育除了师资等方面问题外，还受制于两个方面的因素：一是课程，二是教材。尽管已有一些高校正在把心理素质教育课程纳入到高校整体教育体系中，作为学生的公共必修课或选修课，但实际上，这类课程大都是普通心理学课程，或是一般性的心理学常识课，缺乏系统性、针对性。尽管现在已经出版了不少学生心理素质教育、心理咨询等方面的书籍，但相对来说适应性、实用性不够强。因此，根据心理素质教育特点，加强高校心理素质教育的课程改革和教材建设，并真正将其纳入到高校的课程体系和教材体系建设中去，使之成为其有机的组成部分就显得十分重要。

在课程方面，根据学生心理发展的特点，可以设计一组相关的心理素质教育课程，逐渐形成心理素质教育系列选修课程，包括《大学生心理》、《社会心理学》、《心理健康教育训练》、《心理调适艺术》、《人格与大学生心理健康》、《爱情与性心理健康》、《人际交往心理学》、《大学生生涯发展规划》等。同时要坚持根据心理素质教育的特点进行一定的改革。一是心理素质教育课程要以心理学理论为基础，把心理辅导、心理咨询的基本理论、技术和方法，从心理健康教育的角度引进课堂。二是在心理学课程讲授中，应把重点放在指导学生培养积极、健康的心态上，而不是仅仅停留在对心理障碍、心理疾病的认识上。三是心理素质教育必须贴近学生的实际，依据不同的年级，开展有"分层目标"的课堂活动，以帮助大多数学生调节心理，对有心理障碍的学生则进行个别辅导。四是应把活动作为心理素质教育课程的重要内容，即心理素质教育应主要向学生日常生活渗透，心理知识的传授应与心理教育活动相结合，心理课程应与心理训练、心理辅导相结合。

根据大学生年龄和心理特征，开展有针对性、有专题的各种心理训练活动。在内容方面，可以有选择地开展以下几方面的辅导与训练：自信心训练、情绪控制训练、语言表达训练、人际交往训练、潜能拓展训练等。在形式和方法上可以是：游戏、演讲、角色扮演、电视欣赏、团体讨论等。通过这些具体形式和方法，将生活中富于典型意义的情境引进课堂，纳入教育教学活动中，学生便会自然而然地被吸引并投入其中，并在教师的引导下接受相应的教育。在教材方面，应尽快组织专家、教师编写符合学生心理素质教育实际的教材，尤其要针对学生情况和课程需要，在教学实践的基础上，编写深入浅出，有针对性、专业性、实用性，能引起学生思考的可读性强的学生读本；编写具有可操作性的，能指导教师采用适当方法进行有效的课堂教学和实践教学的教师用书。

（5）学校环境优化是培养和塑造学生心理素质的重要基础

高校心理素质教育环境指校园文化心理、教育教学活动以及师生关系等能够对学生心理形成影响的校内环境。高校应充分发挥各校的有利条件，挖掘潜力，为心理素质教育创造适宜的条件，形成自己的特色。校园文化环境对学生的影响是潜在的，因此，必须引起重视，形成优良的校园文化环境，尤其应当注重人性化的设计，为学生提供充分的自我发展的空间和有利条件，这对提高大学生的心理素质不无裨益。

（6）注重理论研究是心理素质教育的重要的途径

高校心理素质教育理论研究相对不足，主要表现是：宏观研究少，微观研究多；超前性研究少，事后泛泛议论多；深入剖析少，浅层分析多。高校心理素质教育既是一种教育实践，又反映了某种教育思想，理论研究与实践探索应相辅相成。推进高校心理素质教育的健康快速发展，就必须立足工作实际，注重理论研究。即在实践的基础上突出重点，突出地方特色和学校特色，进一步加强理论研究对心理素质教育实践工作的指导和推动。这也是提升心理素质教育水平的重要途径。

7. 心理素质对学生发展与成才的影响

心理素质是指人在先天遗传基础上发展和培养的良好心理品质。它包括智力因素：认知、运筹、决策。非智力因素：需要、动机、情感。复合因素：意志、气质、审美、社交、道德等。心理素质是学生综合素质的基础和归宿，综合素质的形成和发展依赖于心理素质。教育和培养大学生具备良好的心理素质，是学生发展、成才的需要，也是未来社会对人才的基本要求。

心理素质状况影响学生生理健康

学生生理健康状况主要表现在体力与精力两方面。心理素质好的学生普遍体力好，精力充沛，行动具有灵活性、平衡性、敏捷性，对事物的关注具有持久性；而存在心理障碍或心理疾病的学生，普遍表现出表情、动作呆板僵硬，精神不集中，情绪不稳定，不爱好体育运动，羞于与人交往，严重者还伴有某些身体疾病，如失眠、胃病、内分泌失调，甚至精神分裂等。表面看这些疾病是生理性的，实质上其产生的原因都是长期的心理压抑、紧张或心理焦虑造成的。人是身心一体的动物，不良的心理因素往往能导致生理疾病，影响人的生理健康，可见，心理素质是影响学生生理健康的重要因素。

心理素质状况影响学生思维方式

学生的成长是一个心智共同发展的过程，心理素质直接影响大学生的智能发展。

（1）心理素质影响学生思维方式形成

从科学角度讲，影响人思维的有理性因素和非理性因素。非理性因素中个人心理素质状况对于保证思维的清晰、有效，形成良好的思维习惯是有巨大作用的。心理不健康的学生，往往心神不宁、缺乏稳定性，干扰冷静理智的思考，遇到问题，要么优柔寡断，要么任性、感情用事。心理素质好的学生则相反，有一定的抽象思维能力和良好的分析、比较、判断能力。

（2）心理素质影响学生知识结构完善

现代科学发展高度分化和综合的趋势，要求学生具备完善合理的知识结构，而完善合理的知识结构的形成，除了依赖于学校教育这个外环境外，更依赖于个人兴趣、爱好、需求、动机等，即心理内环境。心理素质状况不佳的学生，对周围事物缺乏兴趣，特别对新事物采取抵制态度，阻碍了对新知识的吸纳。而心理素质状况好的学生，兴趣广泛，乐于接受新事物，往往通过辅选第二专业、参加第二课堂活动等积极涉足新的知识领域，因而能够建立起相对合理和完善的知识结构。

心理素质状况影响学生社会适应能力

学生对社会的适应，包括政治观、道德观、人生观、价值观的形成和稳定，以及现代社会突出要求的竞争意识和社会交往能力的提高。随着我国改革开放的推行，人们政治观念淡漠，价值取向趋向功利化，道德素质滑坡。同时，市场经济的竞争机制以及科技发展的综合化趋势，要求人们具有较强的竞争意识和协作精神。这一切对刚刚走向社会的学生的心理冲击是巨大的。如果心理素质不好，很容易产生失落感和挫折感，失去奋斗目标，要么成为功利主义的俘虏，要么意志消沉，固步自封，一事无成。

8. 心理健康教育在素质教育中的作用

人的心理怎样才算健康？以什么作为心理健康的标志？这一系列问题一直是研究者所集中探讨的。许多研究者从不同的角度提出了不同的标准。我们在前人研究的基础上，又根据自己十多年的研究，提出十条标准：了解自我、信任自我、悦纳自我、控制自我、调节自我、完善自我、发展自我、调适自我、设计自我、满足自我。

心理健康教育是实施素质教育的核心

素质教育就是要求学生在德、智、体诸方面的素质全面发展。学生素质发展有多方面的内容，心理素质不仅是其中的重要组成部分，而且对其他素质的发展有着很大的制约作用。它既是素质教育的出发点，又是素质教育的归宿。一个学生的心理状态是否正常、健康，在家庭关系、同学关系、学习问题等方面的认识和处理方式正确与否，往往会影响一个学生的学习态度和对前途的看法，是关系到学生能否健康成才的重要问题。因此，心理健康是发展良好的心理素质的前提和基础，反之，有了良好的心理素质，人的心理健康水平也就高。《中国教育改革和发展纲要》指出："全面提高学生的思想道德，文化科学，劳动技能和身体、心理素质，促进学生生动活泼的发展。"由此可见，心理健康教育不仅是时代发展对教育的必然要求，而且是实施素质教育的目标之一。

学生心理健康教育是德育工作的重要内容

心理健康教育与德育的关系十分密切，是新形势下德育工作形式的延伸和补充。我们认为，思想教育工作有三个层次，即政治观点教育、伦理道德教育和心理品质教育。在学生思想教育工作中有不少属于心理方面的问题，而并非道德品质或政治观点问题。心理健康教育重在育心，提高人的心理素质，德育重在育德，提高人的思想觉悟和道德品质，二者相互渗透，相得益彰。良好的心理素质是优良的道德品质和高尚的思想觉悟得以形成的沃土，而良好的思想觉悟和道德品质又会促进中学生心理素质进一步提高。《学记》中说："知其心，长善而救其失。"讲的就是这个道理。心理健康教育对于改进德育工作有着极其重要的作用。在心理健康教育中了解中学生心理特点，有利于提高德育工作的针对性。正如《中共中央关于进一步加强改进学校德育工作的若干意见》中所指出的："要积极开展青春期卫生教育和指导，通过各种方式对不同年龄层次的学生进行心理健康教育的指导，帮助学生提高心理素质，健全人格。增强承受挫折的能力、适应环境的能力。"

心理健康教育能促进中学生文化科学素质的提高。一项测验表明："一部分学生学业成绩低下是由于心理素质造成的。"学生心理素质好，学习质量就高，从而提高了学生的文化科学素质。

维护和提高学生心理素质的主要策略

（1）开展形式多样、生动活泼的心理健康教育

据调查："有 41% 的学生认为健康教育的最佳形式是广播，37.2% 的学生认为是黑板报，21.8% 的学生建议开设健康教育课。"因此，学校要采用开设健康教育课或讲座等方案，利用广播、电视、录像、黑板报等宣传工具，针对学生的心理特点及知识要求，让学生从多角度、多场合接受心理健康教育。引导他们正确认识其身心发展特点，掌握解决心理问题的方法和技巧。转变不良行为，从而使其具有良好的心理和社会适应能力。

（2）开展心理咨询，重视心理咨询教师的培养

学校应设立心理咨询室、心理咨询热线电话、心理咨询信箱，建立学生心理健康档案，使个别学生的心理疾病得到治疗，不断提高学生的心理素质。

心理咨询是解决学生心理问题的特定形式，是心理素质教育的重要方面。在现阶段，部分学校暂时还难以配置专职的心理咨询教师。为此，由校长、书记、主任、团委书记、大队辅导员做心理咨询教师不失为一种好方法。每个学校至少应配 1 到 2 名心理咨询教师，有的放矢、长期跟踪地进行心理咨询工作。这些教师应当对心理咨询工作有热情，而且自身心理健康，并受过一定的专门培训。并且，要舍得投资用于心理咨询教师的培训。培训应课程化，要学习心理咨询理论与技巧、心理辅导概论、心理卫生学、心理测量学、发展心理学等专门课程。

（3）通过各学科教学渗透心理健康教育

学校的许多课程都包含着丰富多彩的心理健康教育内容，教师应积极深入地挖掘，对学生实施自觉地、有意地影响，达到"润物

细无声"之效。比如，历史课中英雄人物的坚强意志和英雄事迹、语文课文中人物心理的描写等都会对学生的心理产生积极的影响。

心理健康教育和学校教育、教学是相互依存的、相互促进的、相互制约的。心理健康教育是学校整体教学工作中的一部分，教师要转变观念，变应试教育为素质教育，改变以往只看成绩不看能力的测验评价方法。在教学中多给学生爱和尊重，多表扬、多鼓励、少批评，创造和谐的教学环境，建立良好的师生关系。只有这样，学校的心理健康教育内驱力才能激发。

（4）利用体育手段促进学生心理健康

实验表明，经常参加中等运动量的体育锻炼的中学生在躯体、人际关系、抑郁、焦虑、敌对等方面的健康水平显著高于常人。体育锻炼改善心理环境，增进心理健康，是进行心理健康教育的重要手段之一。因此，学校应经常开展丰富多彩的文体活动，促进中学生心理健康。

（5）以心理健康教育科研为先导

心理健康教育的可持续发展必须依靠科研，必须在正确的理论指导下进行，才能避免走弯路或低层次的重复。因此，学校必须大力开展心理健康教育的科学研究工作。不重视心理健康教育理论研究是一种肤浅的短视行为。

改革师范教育课程设置，使未来的中学教师承担起维护和提高学生心理健康的任务。目前，师范教育所开设的课时不多的心理学课程，学生主要学习普通心理和教育心理方面的理论，着眼点是帮助师范生去教好书，而不在于如何应对不断变化的社会和塑造健全的人格。现代师范教育应有足够的关于教师心理素质培养的课程，塑造人格健全的跨世纪新型教师。毕业后承担维护和提高学生心理健康的任务，使其逐渐成为心理健康教育教师专职化的主要力量。

9. 学校开展心理健康教育的意义

全面提高人的心理素质，是社会发展的要求。然而，我国现实教育对此十分麻木，许多人仍沉湎于习惯的应试教育的模式，天天围绕升学圈子转，其结果造成学生厌学、惧学、意志力薄弱、经受不了挫折、缺乏远大理想、没有独立生活能力等，更有甚者患有神经与精神病症。据有关心理调查表明：中学生存在心理困难人数约为20%，小学生约为10%。因此，把中小学生心理辅导与教育纳入学校工作的议事日程，已是刻不容缓。

心理素质教育不仅是整个素质教育的基石，而且也是素质教育的归宿。它在培养适应市场经济面向未来的人才中，有着积极的意义：

学生健康成长的需要

从广义上说，青少年学生的成长，需要德智体的全面发展，即需要良好的道德思想、丰富的文化知识和健康的身体的全面发展；从狭义上说，青少年学生的健康成长，需要身心健康，不仅要有身体健康，还要有心理健康。一个人，如果只有丰富的文化知识和健康的身体，而心理不健康，也是一个不健全的人。一个青少年学生，如果心理不健康，没有自信心、缺乏意志力和情感调节能力、缺乏人际关系或有心理行为障碍，有了再好的文化知识，也无法使用和施展才能，无法为社会服务，再好的身体也只是四肢发达而已。心理健康对青少年学生的成长和未来的社会适应是极其重要的。

推进素质教育的必然要求

我国现阶段正在推行素质教育，素质教育的目的是培养和提高

34

人的整体素质，而人的整体素质最基础和最根本的精髓是人的心理素质和健全的人格；没有健康的心理素质，其他素质将难以形成和发挥。心理素质是人的整体素质的重要组成部分，是素质教育的重要内容，开展中小学心理健康教育是推进素质教育的必然要求。

对未来人才的要求与需要

开展中小学心理健康教育是社会对未来人才的要求和人口素质提高的需要。我国现代化建设需要人才。我国是一个人口大国，要实现现代化，需要人口素质的提高。联合国教科文组织将心理学列为 21 世纪要加强和发展的重要学科，这是为什么？因为，未来社会发展迅速、竞争激烈，只有心理素质高的人才能适应未来竞争的社会。人要适应未来的社会竞争，靠的是什么？靠的是两个法宝：一是"专业知识＋能力"；二是"心理健康＋人格"。它们好比一架飞机的两个翅膀，两个翅膀都必须健全和必不可少，哪个翅膀不健全或缺少，都将不能飞行。人的两个法宝都不能少。

由于学习压力、升学压力、就业压力、人际交往压力；由于社会生活、工作节奏加快对学生造成的心理影响，以及家庭父母教养方式、生活方式等所渗透给学生的心理压力，使中小学生中存在着各种各样的心理问题，有的问题还十分严重。根据有关的调查资料显示，目前中小学生中有心理问题的学生大约是 15% ~ 20%，其中心理健康比较严重的学生大约有 7% ~ 8%。因此，要加强对中小学生的心理健康教育。

10. 心理素质与人才综合素质的关系

俗话说健康是人生的第一财富，没有健康就没有一切。但所谓健康不仅是指没有生理疾病，同时也是指心理及社会适应等的良好状态。现代科学研究表明，30%～70%病人的疾病与心理因素、生活境遇有关。心理、社会因素对人们健康的影响实际上比想象的更广泛、更复杂。心理疾病比生理疾病为数更多、危害更大。所以有了健康的心理才会有健康的身体。人心理方面的良好状态和素质是日后成为高素质人才的基础。

人的素质与心理素质的关系

社会对人才的要求是随着社会的进步而提高的，19世纪末20世纪初，由于自然科学的不断发展，社会要求人们具有扎实的基础知识，注重人才对知识的掌握和智力水平的高低，20世纪中期，社会开始注意到技能的重要性，强调知识与技能并重。到20世纪末，心理素质的重要性日益突出地表现出来。社会不仅要求人才具有良好的知识和技能，更需要具有良好的心理素质。因为没有良好的心理素质，物质生产和社会制度的现代化就无法实现。没有良好的心理素质，即使取得某些成就，也不能持久或最终成功。美国有位教育家曾在调查了众多的成功人士后得到这样的结论：一个人事业上的成功，只有15%是由于他们的学识和专业技能，而85%是靠良好的心理素质和人际方面的能力，可以推论，当代大学生是否具有良好的心理素质，将会直接影响到我们国家未来的竞争能力。

当代学生素质面临严峻考验

21世纪是科技突飞猛进，社会日新月异，情况瞬息万变，问题层出不穷，竞争日益激烈的时代。面对如此纷繁复杂的世界，人们生活节奏不断加快，其面临的压力也愈来愈大。学业上要竞争，就业和工作也要竞争，优胜劣汰，心弦紧绷，各种文化交汇融合等等，都给现代青年造成了更多的心理压力和心理冲突。可以断言，21世纪人才的心理承受能力将会受到更为严峻的考验。谁的心理准备充分，谁在心理状态上胜人一筹，谁就是赢家。

因此，研究和强化大学生的心理素质教育，培养学生具有适应性、承受力、调控力、意志力、思维力、创造力及自信心等，已经成为高校在这场教育变革中亟待解决的课题。

11. 学生心理健康的现状

当前，我国社会正处于转型时期，各个领域的竞争越来越激烈，给人们带来的心理压力也越来越大。学生的心理问题也已经十分集中和突出。据了解，目前我国许多高校在每年新生入学时都要进行人格问卷调查，根据调查结果可将学生分为 A、B、C 三类，问题比较突出的同学归入 A 类，问题不大的同学归入 B 类，没有问题的同学归到 C 类。许多学校的调查结果都表明，A、B 两类的学生大概占全部新生的 15% 以上。综合起来，学生的心理问题主要体现在以下几方面：

人际关系方面

这是目前学生心理发展中比较突出的方面。现在的学生多数是独生子女，生活上的娇生惯养和学习上的一帆风顺使得他们很少经受挫折，独立生活能力较差，现实大学生生活与梦想的落差及与同学生活、习惯的差异等等，往往很容易使他们产生心理上的不稳定，主要表现在协作意识差、交往困难、宽容心不够等。

学习方面

由于从紧张的高考中脱颖而出，许多学生到了大学就想享受"大学生活"，但大学里人才济济，往日学习上的优势没有了，竞争更加激烈，再加上就业时用人单位对一些执证学生的青睐，使得学生们迫于形势不断"考证",学习的压力不断增大,造成学生信心不足或丧失,甚至出现焦虑心理、厌学心理、自我评价不当、考试失常、情绪失控。情况严重的还影响正常的学习、生活,甚至发展成心理障碍。

就业方面

随着大学招生、就业制度的改革和社会用人需求日趋饱和,学生面临着越来越严峻的就业形势。近几年一次性就业率呈逐年下降趋势,"毕业就意味着失业"使学生背上了沉重的心理包袱。

性及恋爱方面

学生的生理年龄已开始步入成人阶段,随着生殖系统的发育成熟、性意识的萌发,性及恋爱成为学生重要而敏感的话题。但由于缺乏充分的心理准备和必要的知识准备,且缺乏正确的指导和教育,一些学生难以把握住自己,与异性交往的心理障碍时有发生。特别是在初恋时期,学生最容易出现心理偏差,常常在处于苦恼、激动、焦躁不安的情绪状态下,承受着严重的心理压力和心理负担,一旦出现问题,就有可能走向极端,身心发育受到影响。

应该强调的是,学生们当前存在的心理问题大多数属于一般性的成长心理问题,属于障碍性的问题极少,是伴随着心理发展阶段和交际范围扩大而出现的心理问题,主要表现为不成熟、不适应,而非心理疾病。

12. 学生心理素质教育的思考

探索素质教育之路是当前学校教育的重要课题。素质教育在学校教育中的真正落实,应从加强心理素质教育抓起。

心理活动存在于人的一切活动过程中，心理素质是人的基本素质之一。人的身心潜能的开发和社会物质、精神文明成果在人的身心结构中的变化，都在其心理素质水平上得到综合反映，人的基本素质的提高与其心理素质的水平呈正相关。

素质教育的提出，使基础教育的培养目标综合化，把学生德、智、体全面发展概括为提高学生素质，更突出了学校心理素质教育的重要性。强化学生在教育中的主体地位，促其心理机能的提高和心理潜能的发挥是素质教育得以实现的核心和根本，加强心理素质教育，才能实现学生整体素质的提高。

我们所说的心理素质教育，就是以提高学生素质为目的，使学生形成健康的心理与健全的人格为其基本内容的教育。它的任务是：通过心理素质教育使学生常见的各种心理问题和困扰，在学校、家庭、社会教育的协调影响和辅导中得以排解与消除，使学生在认知能力、人格特征、情感意志和社会人际适应等方面得到健康发展，帮助他们学会学习，学会生活，学会人际交往，学会面对困难与挫折去顽强奋斗，学会自我教育与创造，从而提高能力，促进整体素质的全面发展，保证他们能成功地度过学生时期这一特殊的人生旅程，为他们充满信心富有创造性地去适应未来，使个体的心理倾向与社会的显示要求之间达到完美的统一，打下坚实的基础，学校的心理素质教育在实施中由教育形式的不同可分为集体教育形式与个体教育形式。

集体教育的主要途径

（1）开设专门的心理素质教育课程

根据学生身心发展特点和学习生活环境的现状，对学生进行学习心理和创造心理的指导，促进其思维能力、学习能力的发展，使学生学会学习；对学生进行心理健康教育，帮助学生学会正确认识自我、评价自我、激励自我、调控自我等，促进其个性心理健康发展。可在初一、初二年级开设"身心指导课"、"学法课"，以指导学生学习三个"学会"为主要内容，使学生初步学会生存、学会学习、学会关心。在高一、高二年级开设"身心指导"讲座、"学习心理"讲座，帮助学生认识身心健康及其对成才的重大影响，指导他们适应青春期的学习、生活及学生文理科分班指导调整等。初三、高三年级可开设"学习心理"系列讲座与"考试心理辅导"讲座，进一步帮助学生保持适度紧张，减轻心理负担，提高学习效率，并介绍复习策略、应考技巧等。

（2）将心理学原理渗透到各科教学之中

将心理学原理和对学生心理素质提高的教育有机地渗透到各科教学之中，调动学生学习的积极性，提高教与学的效率，通过运用学习策略和思维策略促进学习进步，使学生产生成功愉悦的体验，善于学习和热爱学习。

（3）将心理学原理融入各项课外活动中

将心理学原理和对学生心理素质提高的教育融入各项课外活动中，培养学生的创造力、自主学习能力、适应社会能力、自我发展能力以及健全的人格。个体教育的主要途径是心理咨询。这是对能自感有心理困惑的学生进行的心理指导，通过循循诱导，启发其提高对自己心理的认识，特别是对自我心理的把握和进行积极的主体心理的"自我运动"，努力实现自我排解困惑和解决心理问题。

对于有轻微心理问题的学生，无论是学生自感的，还是教师、家长、同学们发现的，学校都应主动诱导其前来咨询，并建立个案资料，密切观察其发展，适时予以指导、帮助及实施进一步的辅导措施。心理咨询的服务方法主要有：晤谈或咨询。在学生课余进行，可采用直接咨询、间接咨询、个别咨询和小组咨询等形式接待学生、学生家长；对那些不愿或不便来晤谈的学生、家长，也可通过电话咨询后又约请晤谈；学校还可开展信函咨询，让学生、家长通过向专设的"心灵信箱"投放"问题"信件，学校视情况采用由板报、心理辅导专刊刊登有关文章或约谈等方式予以解答指导。

实施心理素质教育注意的问题

（1）努力提高教师的心理学水平

心理素质教育需要教师实施，教育者的心理学水平直接影响着受教育者心理的发展。学校应采取送培、开设心理学讲座、购进有关书籍供教师学习、组织讨论研究等多种方式在教师中普及心理学知识，宣传心理素质教育理论，提高教师的心理学及进行心理教育的水平。

（2）心理素质教育需要科学理论的指导

有条件的学校应争取有关专家学者的指导，可聘请组织高水平的专家顾问队伍，特聘教育心理学、医学心理学、教育学方面的专家参与"技术性"和"实验探索性"高的一些工作，使心理素质教育沿着科学、规范、有效的轨道发展。

13. 提高学生心理素质的有效途径

培养和提高学生良好的心理素质，需要学校、家庭、社会以及学生自身的重视和共同努力。就在校学生而言，高校应发挥自身优势，利用不同的途径加强学生心理素质教育，切实提高大学生的心理素质。

重视并开展心理健康教育

心理健康教育是以增进学生的心理健康水平、促进学生个性的健全发展为目的的教育活动。这一活动是有目的、有计划、有组织地对学生的心理素质施加影响的过程。为保证该过程的顺利进行，必须确定一个切实可行的高校心理健康教育的宗旨，即：着眼于学生整体心理素质的提高，使其个性和谐，社会适应性强；培养创新意识，提高创新能力；开发潜能，发挥优势能力；增强学生自我心理教育能力；预防心理疾病。开展学生心理健康教育的方法是多种多样的，主要有：开设心理教育系列课程；专题性心理健康讲座；心理卫生宣传活动等等。这些都有助于提高大学生心理健康教育的实效。

积极开展心理咨询活动

心理咨询是运用心理学理论、知识和方法，通过语言文字或其他信息传递方式，给咨询对象以帮助、启发和教育的过程，是一种促进学生自我认识、自我完善和自我发展的过程。因此，它是一种技术性的服务，也是一种教育影响。心理咨询在学生良好心理素质培养中具有补偿功能、指导功能和调节功能。这些功能决定了心理咨询在学生心理素质教育、培养过程中起着不可替代的作用。高校开展心理咨询活动，必须重视以下两个问题：一是心理咨询教师要系统学习心理学专业知识，提高相应技巧，能针对来访者的心理问题作出分析、建议、辅导；二是必须认识到心理咨询既不是简单的同情安慰，也不是包办代替解决问题，而是要帮助学生正视自己的态度和面临的问题，提供解决问题的参考建议，使学生能更加积极主动地做出选择。

加强个性化的心理素质教育

个性是在一定的社会环境和教育模式下形成的相对稳定的个人品格，是一个人区别于他人的独特之处。个性化心理教育是以发展学生健全个性心理为目标的教育，它不仅对学生个人的全面发展、身心健康、事业成功和人生幸福具有重要意义，而且适合当代社会对新型人才的需要，它对于学生心理的发展和社会的进步都具有十分重要的意义。因此，在对学生进行心理素质教育的过程中，重视并探索个性化心理教育模式是必须的，也是势在必行的。

重视并引导学生进行心理训练

心理训练主要是通过接受师长指导和心理状态与行为方式的自我调控进行某一特定的心理素养方面的训练，改变自身的生理状态和心理状态，解决自己在认识、情感、人格、社交等方面的心理问题。心理训练的过程是个体与外界进行物质、能量、信息交换的过程，这种交换过程越充分，越主动，自身的存在和发展就越完善。重视并引导学生心理训练，是发展和完善学生良好心理素质的必要手段。切实有效地引导学生进行心理训练，一是要教育和引导学生一分为二地看待自己，善于深刻剖析自我，找到自我心理训练的"起点"；二是教育和指导学生学会努力自我创造"氛围圈"，借助客观力量以推动自身心理状态、心理素养的发展与提高；三是增强学生优良素质的自我构建意识，激励学生自我完善。进行心理训练的具体方法和操作技巧是多种多样、灵活多变的。

综上所述，对学生实施素质教育，必须重视心理素质的教育培养。通过对心理素质各要素及各方面的全面、系统的培养与辅导，实现学生性格品质的优化、心理能力的强化和心理动力的激发，达到维护心理健康、防治心理问题、提高心理素质的目的，从而促进学生德、智、体等综合素质的发展与提高。

14. 学生心理问题的产生及对策

改革开放以来，我国的社会环境趋向复杂，大量社会问题集中地反映在儿童、青少年身上。据有关部门调查证实，小学生中 *1/4*

左右存在心理障碍，儿童、青少年尤其是正在成长发育过程中的中小学生，是心理疾病的高危人群。

有些专家指出：青少年是自杀率最高的人群，我们不能单纯指责他们"心理承受力太差"，而应该冷静地分析一下，造成和助长中小学生心理疾病的环境是怎样形成的。

学生心理问题的主要原因

家庭环境对学生心理的影响望子成龙、望女成凤，高期待已成为我国年轻父母的主要心理情结。孩子考试成绩理想，全家欢乐，考试成绩不理想，全家悲哀。据上海市的一项调查表明：*100%* 的家长认为最高兴的事是孩子学习成绩好，最不高兴的事是孩子学习成绩差。于是早教和课外辅导之风越刮越烈。

小小年纪的孩子，整日被逼着参加各类辅导班，家长也跟着在各类辅导班之间疲于奔命。其实，家长们早以陷入了早期教育和课外教育的误区：越早越好，越多越好。胎教、早教确实对一个人的成长有一定的积极作用，但过分强调了则适得其反。

医学专家指出：人的智力发展有其自身的规律，过早地灌输，即使有效果，也往往是暂时的，并不能保证孩子将来有卓越的才能。专家们为此还做了一个很形象的比喻：过早地向孩子灌输非自然的东西，就像海绵吸满了水不能再吸一样，孩子有可能会厌学。正确的早期教育应该是对孩子智力发展的训练，以及良好的行为习惯和健康情绪的培养。而过多的教育，也会使孩子学而不精，学而不专，无味地加重孩子的生理和心理负担。

许多家长面对升学、高考的压力，也出现了轻"素质"重应试的现象，剥夺了孩子所有的"自由空间"。许多家长认为，"只要孩子学习成绩好，其他的都不重要"，不重视培养孩子与他人之间的交往、合作和共同生活的能力，在学校开始提倡素质教育，不排名次的时候，有些家长甚至担心这样做会降低孩子的学习积极性和竞争意识。

　　家长们习惯于激励孩子们刻苦学习，却忽视了培养他们客观冷静的处事能力，乐于助人的优良品格等许多良好行为习惯。家长对孩子学习成绩单一目标的高期望，致使孩子们的书包越来越沉重，身心越来越不健全，心灵也越来越疲惫不堪。其实，父母对孩子抱有期望也绝不是什么坏事。合理的期望会使孩子受到鼓励，并且孩子的抱负水平与父母期望的高低也有关系。

学生心理问题产生的对策

　　父母的期望和鼓励要符合孩子的能力和性格，所提出的目标是孩子通过努力可以做到的，而不应该是完全脱离实际的空想。否则，就会使孩子感到这种期望是一种沉重的负担。

　　父母通过某种形式，把自己的期望注入到孩子的思想中去，使之不知不觉地变成孩子自己的愿望。生活是数学的宝库。生活中随处都可以找到数学的原型。如：学习了小数后，可以让学生用小数表示自己买东西的价钱。学习了"轴对称图形"后，让学生找一找、说一说，你见过周围那些物体是轴对称图形？经常让学生联系生活学数学，养成留心观察，有意识地用数学的眼光认识周围事物的习惯。于是，才有学生主动研究彩票里的学问，把概率知识运用到生活中。

15. 青春期学生的心理素质教育

　　青春期是儿童向成人的过渡时期。青春期既是身体发育的高峰期、性与生殖能力的成熟期、自我意识和智慧知识的增长期，又是确立人生理想、训练人格品性、培养道德责任感和促进身心健康与人的全面和谐发展的最佳时期。青春期是人生观、世界观形成的关键期，又是将来成家立业的预备期。

青春期学生心理发育的特点和矛盾

青春期学生的心理发育，因人而异，既是受家庭、学校和社会环境的影响，又是种族遗传和文化背景遗留的痕迹。一般来说，在现代开放的社会环境中，青少年在经历身体发育的突变时，显得热情奔放、豪气大增，一反依赖胆怯的儿童天性，变得喜欢自作主张。他们似乎发现了过去不曾发现的许多机会，独立意识与权利意识同时滋长起来，以自我为中心和追求快乐成为独立感和心理躁动的反映。但此时他们毕竟还未真正成熟，不过是处于孩童与成人的过渡期，表现出种种心理上的矛盾。

例如独立意识与依赖心理之间的矛盾，即他们想摆脱父母和其他成年人对他们的约束而独立行事，但又发现自己并无独立的资源和能力；成人感与幼稚性的矛盾，即觉得自己长大了，无所不能，为显示自己是"成人"而去做些冒险的事，然而对做事的方式和后果却很少考虑，往往惹出一些麻烦而后悔莫及；自我封闭与融入社会的矛盾，即有意保守自己的内心和行动的秘密，不愿向父母、老师甚至同龄朋友吐露心事，但又渴望周围的人能够理解和接纳自己，这种矛盾常常导致青春期少男少女的孤独感和疏离亲人的行为；冲动性与自制力的矛盾，即青少年情绪起伏较大，容易轻率鲁莽、意气用事，但为了保持自己的形象和维护自尊，或担心受父母和老师的指责，又不得不考虑控制自己的感情和行为，二者总是处于矛盾冲突之中，使青春期少男少女容易产生焦虑不安、彷徨、压抑等情绪。

青春期学生掌握心理知识的重要性

青春期学生正处于青春发育期，从未成熟儿童期向逐渐成熟化的青春期交替转换过程中，会产生种种矛盾的心理，因此，很需要掌握一定的心理知识，帮助他们顺利安全度过青春发育期，并把这一时期转化为学习的"最佳期"，人生的"黄金时代"。

（1）心理学是客观规律的科学

心理学知识对学习大有益处，它可以促进学生对自身的认识，提高自我教育的能力。如果青春期学生学习了心理学的知识以后，能按心理学规律去学习，学习成绩就会有较大的提高。比如：学习了记忆的规律，就可以解决上课不专心，开小差的问题；学习了思维规律，就可以解决记不住，记不牢以及死记硬背的问题；学习了有意注意的规律就可以使思维更开阔、更敏锐、更富有创造性，还可以调节考前情绪，消除紧张，轻松上考场。

（2）心理学可以解答疑难问题

心理学知识还可以解答青春期学生在思想上和生活上的疑难问题，从而更深刻地认识自己，达到自我认识、自我发展、自我完善。比如，学习了有关性格的知识，就可以使自己对自身的性格有所了解，从而矫正自己性格中不良的一面，锻炼和完善自己的人格；学习了情感的知识，可以使自己学会调节情绪、升华情感的方法；学习了青春期的心理问题，可以了解青少年在青春期的心理变化规律，从而主动掌握自己的心理，安全顺利地度过青春发育期。

（3）心理学知识可以提高自己

学习了心理知识不但能提高自己，还能对正确地处理好人际关系有所帮助。因为在了解自己心理的同时，也学会了了解同学的心理，这样便可以对不同气质、性格的同学采取相应的态度，从而防止不必要的矛盾，加强与同学的友谊。

（4）心理学知识应用非常广泛

心理学的应用非常广泛，渗透到各行各业当中，不论学生将来从事什么样的工作，现在学一些心理学的基础知识都是有益的，将来的祖国建设需要心理素质较高的一代青年。为了学生的现在也为了将来，学生应学习一点心理学。

青春期学生掌握的心理知识

对青春期学生进行心理卫生教育，就是以人的心理健康为目标通过科学的方法，维护青少年健康的心理，预防心理失衡，消除心理污染，增强心理承受能力。在心理卫生教育上，可以从以下几个方面入手：

（1）创造良好的心理社会环境

良好的心理环境，可以使一切紧张、焦虑、忧郁、脆弱以及情绪不稳定、有孤独感等不良情绪有所减轻或消除。教师应尽量减轻学生的心理负担，帮助学生消除因家庭、社会等因素所造成的种种不良影响，让学生在良好的心理环境下学习、生活。

（2）重视发展个性的教育

这里所指的个性，是在共同理想的基础上，发掘学生的个性特点，发挥他们各具特色的聪明才智。中学教育应引导学生的个性向着有利于自身、也有利于群体的方向发展，这是个性教育的核心内容。

（3）丰富学生的精神生活

学校应尽可能地创造条件，使学生参加各种学习、文娱、体育、科技、旅游、参观、访问等活动，让他们开拓视野，增长知识，振奋精神，从而促进他们的成长和发展。

（4）加强心理训练

加强心理训练的目的在于增强心理适应能力。心理适应能力的强弱，常在一些重大的、具有关键意义的场合明显地表现出来。例如在重大的比赛、升学考试时，有些心理适应能力较差的学生就会出现怯场现象。心理训练首先要确定教育与训练的总目标和实施计划。心理教育与训练的成功关键在于内容和方法要适合学生心理发展水平，要激发学生的自我要求，使他们自觉地针对自己的心理缺陷进行有效的心理训练。

（5）将心理素质教育渗透到其他素质教育之中

素质教育包含着多方面的内容，这些内容绝不是孤立地存在，而是互相联系、互相渗透、互相促进的整体。在实施心理素质教育过程中，应将学生的素质作为一个整体来看待，将心理素质和其他各素质联系起来，并渗入其中。在进行其他方面素质教育的同时，应有意识地对学生进行心理素质教育，在学科教学、班主任工作、学校其他教育活动中，都应注重对学生心理素质的教育，切实将心理素质教育渗透到学校教育的方方面面。

（6）积极疏导学生的心理障碍。

心理疏导是一个教育过程，帮助学生疏解各种情绪，消除内心矛盾，恢复心理平衡，形成积极的心态，使之逐步地主动适应所处的环境，同时也预防和控制各种异常心态的产生与发展。由于各个学生的生活经历、心理压力等因素的不同，各个学生的心理素质亦不尽相同。我们在面向全体学生普遍开展心理素质教育的同时，更应密切关注个别心理素质较差的学生，不仅要给这些学生更多的关心和爱护，经常找这些学生谈话，解开他们心中的疙瘩，使他们的心理素质能得到逐步提高。同时更应随时多渠道地注意他们的心理思想动态，一旦发现存在心理问题或出现心理障碍时，应及时了解产生问题或障碍的原因，进行认真、耐心、科学的心理辅导，使学生的心态能够在最短时间内恢复正常，以最好的状态投入学习生活中去。

心理素质对学生的成长至关重要，良好的心理素质是成人和成才的基础，在中学中对学生进行心理素质教育，让学生保持一种积极向上的热情，对其他素质的培养也会起到很好的促进作用。

16. 实施心理素质教育的策略

学生在学习和生活中，总会遇到困难、挫折和不顺心等，心理波动是常有的，这常常会造成不少学生不同程度的心理失衡，这样的心理失衡可能使学生以违规行为表现出来，也可能没有明显的外显行为而在内心积累和发展，而导致心理问题、心理疾患乃至精神病的发生，甚至出现轻生现象。对于学生中出现的这类问题，学校与家庭应该常常从思想道德的角度去进行教育，以制度、法律去管理约束，以舆论和风气去影响与感染。

由心理因素而引发的问题，从思想政治工作的角度难以从根本上解决问题，有时反而会引起逆反心理，使教育陷入困境。同时，学习过程可以说无一不包含着学生的心理活动，学生心理机能的提高，以及心理潜能的发挥和自我主体意识的发展，能使学生自觉地学习和运用各种良好的学习方法，养成良好的行为习惯和学习习惯，从而提高学校的教学效益。

教师加强对心理健康教育的学习

每位教师都要关注学生的心理健康，都要掌握心理健康的基本知识。在学校普遍开展心理健康教育，仅仅依靠几位辅导教师是远远不够的，必须建设一支身心健康、懂得心理学专业知识、掌握心理辅导技巧和心理训练方法的教师队伍。

中国高教研究师要深入到学生中去，和学生交朋友，用教师的人格力量对学生的心理实施健康的影响。同时，关注学生的心理健康，教师首先需要心理健康，其职业特点也要求教师应具有极强的自我调节情绪的能力。学校要重视教师的心理健康教育，鼓励教师加强心理学知识的学习，使他们能够运用科学的心理学知识调整自己的心态，始终处于一种积极、乐观、向上、平和、稳定、健康的状态，以旺盛的精力、丰富的情感、健康的情绪投入到教育教学工作中，真正成为"人类灵魂的工师"。

建立专门的心理素质教育机构

在当前许多高校的教育实践中，虽然逐渐重视对心理素质的培养，但往往没有设置专门的心理素质教育机构，许多高校的心理素质教育只是流于形式，没有真正落到实处。为加强心理素质教育，需要在学校设立专门的心理素质教育机构作为落实心理素质教育的载体，成为心理素质教育与心理问题监护工作的中枢，为学校心理素质教育问题的解决与心理问题监护工作的顺利实施、取得实效提供有效的组织保证。学校应对这些机构予以重视，在解决机构编制、人员调配、工作场所、办公经费等方面创造有利条件，在条件许可的情况下，聘请一些知名心理学家或临床心理学工作者担任顾问。此外，学校还应制定专门的心理素质教育的工作规范，建立例会制度、会诊制度等一系列制度，使学校心理素质教育顺利开展。

开展心理健康教育的科学研究

心理素质教育的可持续性发展必须依靠科研，在正确的理论指导下才能少走弯路或避免低层次的重复。因此，必须大力开展心理素质教育方面的科学研究工作，加强心理素质教育领域的学科建设，为推动我国的心理素质教育提供坚实的理论与科学研究基础。由于学校心理素质教育的特殊性，其教育成果不在于学生掌握了多少关于心理学的定义或名词解释，而主要表现在对于学生心理发展的影响上，因此，更应加强学校心理素质教育发展的研究与指导。当前学校心理素质教育方面存在的问题与科学研究的不足和学科发展的不平衡直接相关。对于广大教育工作者来说，开展此项工作方面的研究，任重而道远。

进行内容丰富的心理健康教育

为搞好心理素质教育，在形式上，高校除了可以利用课堂传授心理健康方面的知识，还可以通过开设心理健康知识专题讲座，利用黑板报、宣传栏、读书角等舆论阵地，借助广播、电视、录像等宣传工具，举行以集体或个体为对象的心理咨询等一系列的活动，对学生进行多角度、多场合的心理健康教育。许多高校学生还自发建立了学生社团，一些同学自编自演心理剧来宣传崇尚心理健康的新潮流。由于形式多样，生动活泼，有利于消除学生心中的不自然感，营造出一种适宜于心理教育的氛围，全面推进心理素质教育的发展。在内容上，不仅包括一般心理健康知识教育，还要加强挫折教育，培养坚强的意志。

当代学生大多是独生子女，生活条件、学习条件相对优越，成长一帆风顺，再加上在过去的教育中对他们进行意志的磨练的忽视，因此，随着新旧体制的变革，特别是招生制度的改革，不少学生在主观愿望与客观实际、理想与现实发生脱节造成挫折时，容易悲观失望，甚至一蹶不振，无法应对未来社会激烈竞争的客观要求。为了提高他们的心理承受能力，教师应该有意识、有目的地组织一些诸如体育运动、各种竞赛活动和社会实践锻炼，引导他们在磨练中成熟，使他们坚强的意志品质在同困难作斗争中发挥出来。

实施全方位的心理素质教育

学生的心理素质教育是一项社会系统工程，学校、家庭和社会要密切配合起来。家庭对大学生的影响是巨大、长期、持续的，起着潜移默化的作用，所以，在实施心理素质教育活动中，应充分发挥家庭教育的作用。此外，还可以借鉴一些国外心理素质教育的先进理论和成功经验来推动此项工作的深入和发展。更重要的是，我们全社会都要正视学生的心理素质教育问题，让他们在社会活动中不断发展完善自己的心理品质，提高他们的社会适应能力，更好地迎接未来社会的挑战。

17. 班主任如何加强学生心理素质教育

随着社会的不断发展，良好的心理素质已经成为人的全面素质中的重要组成部分，同时也是提高学生学习成效的重要因素，在决定学生适应未来社会的程度中起到重要作用。

学生的心理健康教育就是提高学生心理素质的教育，也是实施学生素质教育的重要内容。教学育中指出：素质教育的总目标是贯彻国家的教育方针，坚持社会主义方向，使学生在自然素质，心理素质和社会文化等方面和谐发展，为提高全民族的人口素质，培养社会主义事业的建设者和接班人奠定基础。

学生正处于身心发展的过渡时期，随着身心的发展，社会阅历的不断增加和思维方式的不断变化，特别是面对当今社会上竞争的压力，他们在学习、生活、人际交往、升学就业和自我意识方面，存在着来自于学校和家长等多方面的压力，他们对前途会产生迷茫，加之一些不良的社会影响，使他们会产生各种各样的心理困惑和问题，影响着他们的身心健康，使他们不能健康的成长。而班主任作为学生的引导者，他们在学生的心理素质教育过程中起到主要的作用。所以，班主任要充分认识和加强学生心理健康教育的重要性，要根据中学生生理和心理发展规律和特点，运用科学的心理教育方法和手段，以积极认真的态度，加强对中学生心理健康的分析和指导，这是中学生心理健康成长的需要，也是推进对学生的素质教育的需要。

在独生子女日益增多的今天，他们已经习惯于以自我为中心，同时缺乏自理能力和合作精神，所以现在的中学生常见的心理问题有以下几种：

学生问题

问题学生是指各种不适应新的学习环境的学生，常见于学校新生入学，老生转学过程之中。不适应环境主要表现为：产生情绪障碍，出现焦虑、恐惧、抑郁、孤独等不良情绪；缺少自信心，产生自卑心理，注意力不集中，学习兴趣丧失，学习成绩下降严重，更有甚者会出现行为问题，打架斗殴，聚众闹事，经常违反校规校纪，出现攻击或退缩行为等。

学习问题

关于学习的心理问题通常有：学习疲劳，成绩不良，考试恐慌，厌倦学习等，首先是学习疲劳问题。

造成学习疲劳因素有很多，学生的自身身体素质、学习的紧张程度、作业的多少、学习环境条件、学生的情绪变化等，都是引起或加重学习疲劳的原因，为了预防学习疲劳，班主任应和各科老师商量，适当地安排好科学课程，教师的授课也应以新课程改革中的学生为主体进行教学，同时授课方法要灵活多变，课堂设计要直观有趣，让学生们听练结合，对课外作业，要适当并且有度，不要给学生造成一种心理压力。

成绩问题

学生的学习成绩不良是指学习成绩经常明显低于同龄学生的一般水平。造成这种结果的原因很多，有的是在小学的时候底子差，有的是因为到了初中之后贪玩，还有的是因为出现了早恋或上网吧等不良的习惯。

这些学生由于跟不上教师授课的进度，完不成教学大纲所规定的教学任务，经常受到老师的批评，同学的排斥和家长的训斥，很容易产生自卑的心理，还有的出现自暴自弃、逆反厌倦学习的心理，出现逃学、打架、上网吧等违纪行为，作为班主任老师对这些学习成绩不良的学生不应责罚和歧视，而是应该更多地付出自己的耐心和爱心，让他们这些孩子的心里不要具有负担，感觉自己在班里是被遗忘的，而应该让他们感受到班主任对他们的无限关爱，著名的知心姐姐卢勤曾说："爱的力量是教育中的重要力量。"

法国画家夏尔丹说："人类在探索太空征服自然后，终究会发现自己还有一种更大的能力，那就是爱的力量，当这天来临时，人类的文明将迈向一个新的纪元。"所以班主任在对待这些孩子的时候，应该用爱的目光注视孩子，爱的目光是孩子成长的营养液；用爱的微笑面对孩子，微笑，是爱的语言；用爱的语言鼓励孩子，爱的语言能培养出懂得爱的孩子；用爱的渴望调动孩子；用爱的细节感染孩子；用爱的管教约束孩子；用爱的怀抱包容孩子；把爱的机会还给孩子。我相信只要我们班主任的心中有爱，坚持付出爱，总会有回报的。

考试问题

考试恐慌主要表现为肌肉紧张、心跳加快、血压增高、出汗、手足发冷等生理反应。他们的心里经常苦恼、无助、担忧、自我否定、胆怯。随着考试恐慌的加剧，这些应试者也会出现坐立不安，头痛脑昏，注意立不集中，思维僵滞等身心反应，这时他们往往采取逃避的方式进行心理自卫。

厌倦问题

具有厌倦学习心理的学生，他们对学习缺乏兴趣，或者在下面偷着看课外书，或者在课堂上魂不守舍，东张西望，打瞌睡，玩玩具等，有的干脆逃学甚至于放弃学习。针对这些情况，班主任不能放弃这些学生，而是努力的引导他们，培养他们发奋学习的远大志向，努力让学生认识到知识就是力量，当今的社会竞争就是知识的竞争，激发他们的学习积极性，并且对于落后的学生给予及时的个别辅导，帮助他们树立学习的信心。

人际问题

人际关系处理包括亲子关系，师生关系，同学间的关系等，也可表现为人际交往关系。现在的中学生，大多数都是独生子女，他们在家过度地被溺爱，所以，在人际关系的处理上，存在着一定的问题。为了维护学生的心理健康，提高学生人际交往能力，一是培养中学生优良人格，二是端正学生的人际认知，三是培养学生人际交往技能。

青春期问题

随着学生们的年龄增长，他们告别了天真的童年，步入了青少年时期。而在这个时期，很多学生对自己的性心理变化感到迷茫，有的对自己的性心理变化感到恐惧，有的甚至导致了心理障碍，特别是早恋，对学生身心健康发展是很不利的，针对这些心理问题班主任应及时开展青春期性教育，对中学生的异性交往进行耐心地说服、教育。

人格问题

由于孩子们的生长环境的优越，现在的中学生往往出现：偏激、狭隘、嫉妒、敌对、暴躁、依赖、孤僻、怯懦、自卑神经质等不良的人格问题。

针对学生的这些不良的人格问题，作为班主任应该及时地加以引导，让他们对自己的不足和缺点有一个清醒的认识，要通过一些案例，或是一些网上的实例来引导他们，让他们拥有一个健全的人格。

总之，学生是祖国的花朵和未来，而我们新时期班主任应肩负历史的使命和社会的责任，把学生的心理健康教育纳入班级的日常管理工作中。科学地看待学生的心理问题，坚持对学生进行心理辅导，创设良好的班级环境，开展有效的班级活动，通过这些有效途径，做好中学生的心理素质培养工作。让他们能够在我们的引导下，成为国家的栋梁之材，为我们的祖国建设贡献一份力量。

18. 如何强化成人学生的心理素质教育

心理素质教育作为素质教育的重要组成部分，已受到人们的普遍的关注。成人学生由于自身条件的限制，在其学习过程中，政治素质、科学文化素质和思想道德素质等教育得到了普遍加强，但心理素质教育由于缺乏畅通的渠道，其薄弱状况仍未得到根本性改变。因此，在成人课堂教学中融入心理教育，并把它作为学生心理素质教育的主要渠道加以强化，不仅是在成人教育中推进素质教育的必然要求，也会使成人的课堂教学环境得到极大的改善。

心理素质教育要加强

长期以来，成人教育的教学中存在着岗位需要什么、专业需要什么，就去传授和学习什么知识的倾向，这种教学必然导致学生重知识学习，轻能力培养，重短期效应而轻素质优化，成人学生在工作和学习中所表现出的心理素质状况提示我们，必须利用有效的途径加强学生的心理素质及心理健康教育。

首先，成人学生的心理健康状况令人担忧。近年来，成人学生呈现低龄化趋势，加之工作和学习的双重压力，情绪不稳定，心理压抑较重。主要表现在忧郁、焦虑、强迫、敌对、人际关系敏感等方面。由于缺乏正确的引导，许多大学生的心理问题难以得到正常的调适。

第二，成人教育中重知识学习和智力培养、轻非智力因素培养的倾向造成了学生心理素质的弱化。非智力因素接近现在人们所说的"情商"，它在人的发展与成功中的作用日渐明显。

第三，成人学生心理素质的状况不仅影响到自身的发展，还涉及到子女的健康发展。心理学研究表明，家庭的教养方式对孩子的个性形成及心理健康起着非常大的作用，父母一方有心理健康不良或人格问题者，极易影响到子女，成人学生许多已是父母的角色，他们的心理健康及心理素质状况还关系到下一代的心理素质水平。

课堂教学是主要渠道

成人课堂教学不仅是知识传授的过程，也是学生培养兴趣、完善个性、发展意志和情感等心理品质的过程。只不过，课堂教学中的这种心理教育功能是隐形的，是以潜移默化的形式实现的。因此，改变成人课堂教学中的某些陈旧观念，化单纯的知识传授为素质培养，渗透心理教育，才能充分发挥课堂教学在成人学生心理素质教育中的主要作用。具体说来，应从以下几个方面加以强化。

（1）使学生适应学习和学会学习

成人学生面对学习更多的表现为紧张和焦虑，加之繁杂的事务，难以集中注意力。如果老师不去了解学生的这一特点而盲目施教，往往导致课堂效果极差。如果教师从学生的感情需要出发，用富有激情的话语改变学生因对成人学习的不了解而产生的焦虑，并结合学生心理实际，引导学生参与到学习中来，使其逐步适应成人的学习，学生就会由要我学变成我要学。同时，不要急于向学生传授知识，而是根据学生的需要，教会学生学习的方法，俗话说"受人于鱼"不如"受人于渔"，通过方法的获得，学生的学习就会变成一种自觉的学习并能终身受益。

（2）倡导学生的个性和创造潜能

无论是哪一科的课堂教学，都需要教师和学生的情感互动。教学中教师要以饱满的热情激发学生的学习动力，用良好的心理氛围鼓励学生大胆创新，使其在一种积极的心理状态下完成对知识的学习。要尊重学生的爱好和创造性，这样便能使教学活动在成人学生心理掀起波澜，使其在获得知识的同时，获得一种极大的愉悦，有利于其心理健康良好发展。

（3）培养成人学生良好的心理品质

心理品质指个体在认识、情感和意志过程中表现出来的认识兴趣和能力、社会适应及情感调控能力、自我意识与意志品质等。良好的心理品质是指在工作和生活中积极乐观、兴趣高雅、意志顽强、机智果断、待人热情诚恳、心胸宽阔、乐于助人等等。心理品质的培养可以通过心理训练的方式而达到。在课堂教学中，教师要以平等的身份对待每一位同学，鼓励自卑者充满自信，教育妄自尊大者找到自我，并用优秀的榜样鼓励学生积极进取，乐观向上。

（4）提高成人学生的心理健康水平

课堂教学中教师要通过对学生的奖励和正面强化树立学生的自信，如帮助学生在学习中找到自己的优势和闪光点，鼓励其泛化自身的优势，同时培养学生承受挫折的能力，不因遭遇挫折而过分自责，做到悦纳自我。同时在教学中，通过教师的言传身教，让学生学会爱和宽容，以平和的心境面对生活、工作、交往和情感，学会自我调整、宣泄和转移不良情绪等。

总之，成人学生心理素质的培养可以通过多种形式来进行，而课堂教学则是最主要的形式。通过它，学生可获得适应性、个性的完善和培养，提高心理健康的水平。这些可以具体渗透到每一科的教学中。能否真正得以实现，关键还在于教师和主管部门能否为此提供必要的保证。

心理素质教学的实施和保证

成人课堂教学中渗透心理教育，强化其心理素质教育的功能，需要一定的条件作为保证，还包括心育，要将发展能力、培养个性、意志、情感、等具体的要求纳入到各科的教学目标中去。成人教材的编写，应突出心理素质教育的目标，并渗透心理素质教育的内容。教师在备课中，明确目标要求，更要有意识的在教学活动中加以落实。如培养学生的自信、自尊、诚实、热情、积极、宽容、创新、正直、勇敢、独立及责任感、荣誉感，善于与人交往，悦纳自我等，都可以作为具体目标而体现在教材和教学活动中。同时在评价成人的课堂教学时也可以有意识的考核这些指标的落实情况。

有些教师缺乏心理素质教育的基本观念，缺乏对学生心理的正确认识，在课堂教学中，忽视学生的个性发展及心理需求，对学生缺乏责任感和热情。这些在对成人学生进行教学过程中，对心理素质教育往往起到负面影响。因此，改变教师的教学观念，提高教师的心理素质水平，培养其热爱学生、热爱教学、尊重个性、乐观向上、乐于助人等心理品质，才能真正做到言传身教、培养学生高尚的灵魂。

课堂教学中强化心理素质教育是一项任重而道远的工作，它的实施需要我们摆脱成人教学中急功近利的倾向，切实为学生的发展和成才着想。成人学生在工作中也深深的感受大批心理素质教育比单纯的知识教育对他们显得更加需要，对其实际工作和发展的作用更为显著。但有人认为，成人课堂教学本来时数就相对集中和有限，应抓紧时机集中传授知识。但我们说，在集中面授中注重课堂教学并不冲突，只是目前我们有待于改变观念，提高教师的心理素质水平和教学效果的评估办法，使成人学生能在课堂教学中体会到素质教育的真实效果。

1. 克服嫉妒心理

嫉妒是人的一种天性，它是人际关系中较为普遍的社会心理和情绪心理的表现。一个人如果产生了嫉妒心理，那么他常常会以"自己"为中心，看不见别人的优势也发现不了自己的不足，整天满脑子的都是为什么别人比自己出色，其结果只能是自寻烦恼。如果让嫉妒心理长存心中，那么，嫉妒心理就会演变为嫉妒行为，最终就会害人又害己。

嫉妒心是指别人在某方面比自己出色，并认为别人的优势会损害自己的利益，在心理产生的记恨与不满。这种不良情绪往往是在侧面流露出来的，这是嫉妒心理的表现特点。每个人都有嫉妒心理，只是嫉妒的程度不同而已，所以在生活中嫉妒处处存在。比如：兄妹之间存在着嫉妒、朋友之间存在着嫉妒、同事之间存在着嫉妒等等。

嫉妒——心灵的一颗毒瘤

现实生活中，尤其是不够成熟的青少年最容易产生嫉妒心理了。如别的同学家庭条件好，穿着好看的衣服，背好看的书包，其他同学比自己学习好等等。这时，嫉妒就像幽灵似的困扰着青少年的心灵，践踏其可贵的友谊。

每位青少年都是争强好胜的，如果不对自己的心理进行正确分析，那嫉妒心理就会把青少年们的心灵拉入地狱。在现实生活中，如果遇到别人比自己幸运，心里就会很不是滋味。如：有的青少年看到别的同学比自己成绩好，其他方面的能力也比自己强，生活条件也比自己优越，受到的表扬和得到的荣誉都比自己多，就产生嫉妒和不满。嫉妒是阻碍青少年前进的拦路虎，嫉妒的人总是拿别人的优点来折磨自己。其实，现实生活中有很多问题都很复杂，青少年们会遇到各种各样想不通的问题，这都是在所难免的。在遇到这种情况时，嫉妒要像闪电那样瞬间即逝。否则，只会给你带来更多麻烦，百害而无一利。

小晶学习成绩好，而受到同学马娟的妒忌。一开始，马娟是作为一种动力，要求自己一定要不惜一切代价提高学习成绩，赶上小晶，但直到高三，马娟的成绩仍然远远落于小晶，在高考前的冲刺阶段，一直处心积虑的马娟想到了一个可以影响小晶学习成绩的办法，那就是用硫酸来帮助自己。她花6元钱买了一瓶浓硫酸带回学校，半夜时，她拿着一杯浓硫酸来到小晶的宿舍。由于宿舍门锁坏了，马娟很容易就进了宿舍，谁也不曾想马娟竟然把硫酸泼到了小晶的好朋友张静的脸上。原因是张静抢了马娟的男朋友，于是借助泼硫酸一箭双雕，既报复了张静，又达到影响小晶学习的目的。因为张静住院，小晶肯定会去医院探望，这样小晶的学习成绩就会受影响。正如马娟所期望的那样，小晶有很长一段时间在医院陪张静，成绩直线下降。马娟的计划虽得逞了，但她也为此付出了沉重的代价，因故意伤害罪，手段特别残忍，一审被判处死刑。

可见，马娟正是出于嫉妒之心，把自己的心灵置入地狱之中，把自己折磨来折磨去，最后赔进了自己的性命。

青少年产生嫉妒心除自身的原因外，还有一点就是如果老师处理问题不公平或心理上有偏爱，对某些同学因为成绩差而有成见等等，都有可能产生矛盾，甚至会使一些学生因怨恨而产生嫉妒心理。

那么，心存嫉妒对青少年的健康成长会带来哪些危害呢？

1. 嫉妒的突出表现就是中伤别人，损害别人的自尊心，打击别人的进步，这不利于同学之间的正常交往。在特定的条件下嫉妒便以各种消极的情绪、情感和有害的行为表现出来，并外化为种种邪恶的力量，造成一些无可挽回和令人痛心的危害。

2.危害身心健康，恶化同学关系。心理经常处于紧张焦虑状态，不仅影响学业进步，影响身体健康，更会影响其健康人格的形成。嫉妒会使人心胸狭窄，目光短浅。

3.嫉妒不仅危害别人，也危害自己。嫉妒潜移默化地磨灭青少年奋发向上的锐气，倘若一名青少年长期处在嫉妒的心境之中，那么他就会在内心深处产生一种压抑感，给自己造成莫大的心理压力。

调整心态，创造美好明天

现在大多数家庭都是独生子女，他们在享受着优越的物质生活的同时也受到父母的精心呵护和关爱。然而，青少年们在健康成长的过程中总会遇到复杂多样的问题，嫉妒就是其中之一。嫉妒可能会摧毁青少年的理智或扭曲他们的人格。由此，青少年若心生嫉妒，必须要及时控制。方法如下：

1. 认清嫉妒

一个人不服输是进步的动力，但事事在人前，样样不服输，却是不可能的。人有所长必有所短。想通这一点，就会驱除嫉妒的困扰。此外，嫉妒的结果往往是损害别人，贻误自己。思想上深刻认识了，对其危害性才会产生厌恶情绪，在行动上也会与之决裂。为此，何必做那些得不偿失的事情呢。

2. 要走出自我狭隘的小圈子，做个明白人。

青少年在成长的过程中，时时会发现自己周围的同学正在超越自己。如果你能为他们的进步而高兴，并能为有如此出色的朋友而感到骄傲和自豪，那么你就走出了自我狭隘的小圈子，你就具有了一种宽广的胸怀，这种胸怀对于你将来的成功十分重要。如果说嫉妒心理代表着一种平庸和狭隘，那么能够积极地容纳别人和欢迎别人超越自己的态度则代表着一种高尚的品质。

3. 提高自身的竞争意识。

有嫉妒心理的青少年，如果把这种心理转化成竞争的动力，并通过竞争来提高自己各方面的能力，通过自己的不断努力来超越对方，久而久之，就避免了嫉妒心产生的消极影响。

4. 要胸怀开阔，要有容人之量

俗话说得好："公侯头上能走马，宰相肚里能撑船。"就是说要胸阔如海，宽容大度，才会消除妒忌。各人有各人的长处，不能因为自己有所短而害怕别人超过自己，你的成绩也不应该成为别人进步的障碍。对同学任何方面的成绩或进步要抱欢迎的态度。这种良好的心态，是一个健康人格的反映。

5. 看到自己的长处，化嫉妒为动力

一般而言，嫉妒心理较多地产生于周围熟悉的年龄相仿、生活背景大致相同的人群中。一个人在嫉妒别人时，总是注意到别人的优点，却不能注意自己比别人强的地方。其实任何人都有不如别人的地方，当别人在某些方面超过我们时，我们可以有意识地想一想自己比对方强的地方，这样就会使自己失衡的心理天平重新恢复到平衡的状态。

中国古代有这样一副对联，叫做"欲无后悔须律己，各有前程莫妒人"。希望有嫉妒心的青少年读读此联，然后，不断地反思自己，并改善自己的不良行为习惯。人生在世，重在不断的自我完善，而不是击倒他人。俗话说得好："临渊羡鱼，不如退而结网。"青少年们要用正确的态度来引导自己不甘落后的进取精神，做一个道德高尚的人，不断地调整心态、超越自我，尽早地跳出嫉妒的深潭，为自己美好的明天而努力奋斗。

争强好胜是好事，也是坏事，要学会赞扬和羡慕，对手超过自己，你要羡慕他，同时也要诚心的赞扬一下。另外，要自己反思，找到自身的不足，并下工夫克服，做到全面提高自己。这样，不仅在学习上，同时在道德和心理上都会有所提高。

2. 克服自卑心理

　　所谓自卑，是对自己的评价偏低、觉得自己自愧无能，而内心经常有自怨自艾、悲观失望等情绪产生的消极心理。这种心理是对自己缺乏正确的认识，是青少年在交往过程中时常缺乏自信心，在办事时没有胆量，总是畏首畏尾或随声附和，自己没有一点主见，一旦遇到错误或是有些事情没有做好就以为是自己不好而造成的。这种自卑的心理会导致他们在生活中失去交往的勇气和信心。

　　自卑的表现是自己瞧不起自己，是一种消极的情绪表现，是对个人能力和品质的评价过低的表现。产生自卑心理是青少年时期常见的心理表现。实践表明那些有强烈自卑感的青少年是很难坚持学好的，有的甚至自暴自弃，破罐破摔，悲观失望，对生活、前途、学业彻底地失去信心，甚至走向轻生或犯罪的道路。所以青少年战胜自卑心理是非常重要的。

　　自卑心理——性格的一种缺陷

　　自卑是有害青少年身心健康最重要的心理问题之一，它是性格上的一种缺陷。它的表现是对个人能力评价过低，总觉得这也不如别人，那也不如别人，而造成青少年从心理上产生胆怯、忧伤、失望的情绪。

　　小琳因为在初中时学习及行为习惯较差，所以原学校拒绝收她在本校就读高中，后来经过父母委托关系，转进了别的学校读高中。在入学考试时她的成绩在全班倒数第一，因此，她整天愁眉苦脸，思想负担压得她几乎喘不过气。班主任曾多次找她谈话，才了解到小琳是因为自己的成绩差，而且在以前的学校"名声"又不好，总担心班上的其他同学看不起她，还担心将来别人都考上如愿的大学而自己却考不上。为此，她整天抬不起头，上课也不专心听讲，发言也不积极，和同学相处也很被动，所以同学们都很疏远她并认为她不善于交往。小琳整天沉默寡言，甚至有辍学的想法，她经常跟父母说："不想上学了！""读书没意思！"这一点令家长大伤脑筋。

小琳就是一个典型自卑者，由于他的自卑使她背负了相当重的精神负担，从而把自己压得喘不过气来，产生了厌学的情绪。

如果一个人的自尊得不到满足时，那么他就不能恰如其分地展现自己的特长，此时就容易产生自卑心理。青少年产生自卑心理后，往往从怀疑自己的能力，到不能表现自己的能力而开始自闭。本来有些事情经过努力便可以做到的，但他们总认为"我做不到"而放弃追求。迷惘的他们始终看不到人生的精彩和希望，始终体验不到生活的乐趣，也不敢去憧憬那美好的明天。

一般引起青少年的自卑心理主要原因有以下几方面：

1. 自我认识不足，过低评估自己

每个人总是以他人为镜来认识自己，如果他人对自己的评价过低，特别是较有权威的人的评价，就会影响对自己的认识，从而过低评价自己，产生自卑心理。对自我形象不认同，觉得自己长得不好，或者是对自己能力的怀疑。自己没有赢得别人尊重的本钱，于是产生了极强的失落感，原有的优越感一下子就变成了自卑感。

2. 家庭经济因素

部分青少年由于出身贫寒，生活困难，与别人相比，觉得自己家庭经济条件实在太差而感到自卑。目前，由于这方面引起自卑的青少年学生数量有增加的趋势。

3. 与成长经历有关，特别是童年经历

人的一生不说漫长也不能说太短，但真正对人产生深刻影响的关键时期就那么几个，其中童年经历的影响尤深。心理科学的研究

已证实，不少心理问题都可在早期生活中找到症结，自卑作为一种消极的心态也不例外。

4. 个人的性格特点，意志品质

气质忧郁、性格内向者大都对事物的感受性强，对事物带来的消极后果有放大趋向，而且不容易将其消极体验及时宣泄和排解。因而外界因素对他们心理的影响往往要比对其他气质、性格类型者的影响大，产生自卑的可能性也相应增大。而意志品质表现为自觉性、果断性和自制力的学生在其上进心、自尊心受到压抑时，不是变得自卑，而是激起更强烈的自尊，及时调整自己的行动，以更大的干劲冲破压抑，努力拼出一条成功之路来。但有自卑心理的学生则正好相反，在经过一番努力后尚无效果，便会泄气，认为自己不行，于是变得自卑起来。

克服自卑，超越自我

实践证明，那些有强烈自卑感的青少年是很难在学习上取得好成绩的，个别的甚至会自暴自弃、悲观失望、破罐破摔，对生活前途、学业失去信心，走上轻生或者犯罪的道路，所以战胜自卑心理对青少年来说是极为重要的。

那么，正在困惑的青少年如何战胜自卑呢？

一、自我满足，消除自卑心理。

青少年的心理比较敏感脆弱，经不起困难和挫折的打击。如果一旦遭受挫折，就很容易变得堕落并产生自卑感。因此，青少年做事时不要有过高的要求，要做到善于满足自我，在生活和学习上，目标不要定得过高，这样既容易达到目标又减少了挫折的发生。

二、提高自我评价，远离自卑心理

一般自卑的青少年比较注重别人对他的低估评价，不愿接受别人对自己的高估评价。总是喜欢拿自己的短处与别人的长处相比。这样越比越觉得自己差，越比越泄气，自然在心理上就产生了自卑感。其实，每个人都各有优、缺点。因此，有自卑心理的青少年，要正视自己的优点，经常回忆自己经过不懈地努力而达到目标的成功事例；还要善于发现自己的优点，肯定自己的学习成绩，来激发自己的自信心。

三、面对挫折，走出自卑的阴影

青少年产生自卑心理有一方面是因为防御机制不够健全。因此，当遭受挫折和失败时，不要怨天尤人，也不要轻视自我，要从生活环境与客观条件来分析原因，这样既可以找到心理平衡，还可以发现有好多的机会在你的面前。

四、克服性格孤僻，恢复自信

青少年要想克服孤僻心理的障碍，关键就是思想上的转变。不要只看到自己的优点和长处，不要对同学要求太苛刻。认为自己在某一方面有一技之长而看不起别人。对于怪僻的人，首先要做的是努力改变自己的生活习惯，让自己变成一个受欢迎的人，从而恢复自己的自信。

总之，青少年在克服自卑时，要认清自己的优点和缺点，要正确全面地评价自己的能力，既不为长处沾沾自喜，也不笼罩在自己的短处里而顾影自怜。要积极的发现自身的优势，扬长避短，并充分发挥自身的潜能，成为生活中的"常胜将军"。

自卑的心理人人都会有，随时可以发生在任何受挫和失败中，然而这种潜隐的意识流却在严重地阻挠着青少年心智的健康发展，因为当青少年感到自己不如别人时，就埋下了自卑的种子，他将不再努力了。因此，自卑心理一定要克服。

3. 克服冲动心理

在生理学上，冲动是指神经受到刺激后产生的兴奋反应。冲动是最无力的情绪，也是最具破坏性的情绪，也就是说理性弱于情绪的心理现象。冲动是来源于自我保护的一种心理补偿。

一般青少年的情绪特征是以冲动和爆发为主的，这就叫做边界性格紊乱的心理疾病。青少年常常会遇到很多不称心的事情。例如：学习时受到外界干扰，珍爱的物品被别人损坏或自尊心受到伤害等，这些都容易使其发火。有些青少年与人相处时往往因为一言不合就火冒三丈。在情绪冲动时做出使自己后悔不已的事情来。所以，经常发火对人对己都是不利的。因此，青少年们应该采取一些积极有效的措施来控制自己冲动的情绪。

冲动心理，酿成大错

有关专家说"冲动的行为对于青少年来说总是有特殊的意义"，青少年时期迈向成熟的过渡时期，他们的情绪和感情都极不稳定。因为他们不善于控制情绪，因此而深受其害。比如，有时因不值得一提的小事而极度悲伤或大发脾气，有时因为成绩不理想而沮丧。还有的青少年常常被悲观、忧郁、孤独、紧张等不良情绪所困扰，导致对学习缺乏主动性和自觉性；甚至有的青少年因为成绩不好或学习压力重，就跳楼自杀。由此可见，自身的情绪控制非常重要。

实践证明，调节自己的情绪最好的办法是先把你认为恼火的事搁在一边。等你冷静下来后，再去处理它们。其实，一个人的情商高低，是体现在自身情绪控制的成败上。发脾气是不值得赞扬的，如果你能把握住在适当的场合理智地发脾气，那也是非常明智的做法。因此，控制情绪不只是简单的抑制，而是在自我教育、自我评价和自我调节中进取的。

珠海市某中学初二学生小可，今年 16 岁，他在家中是独生子，长这么大以来他一直是家长眼中的乖孩子。最近，小可突然发现自己变得脾气暴躁起来，有时因冲动还与其他同学吵架，事后仔细想想都是鸡毛蒜皮的小事，根本就不必要小题大做。在家里他也经常与父母怄气，有时父母批评他几句，他就暴跳如雷、大动肝火，把父母气得直跺脚，但是也无可奈何。小可为自己的脾气感到很苦恼，他知道自己不对，可是事情一旦发生了，他又控制不住自己的情绪，过后又十分后悔。

有一天，同桌借了小可的一支钢笔，但是因不小心把笔弄坏了，小可很生气，虽然同桌诚恳地向他道歉了，但是小可还是当众把同桌骂了一顿，这一举动严重影响了他们之间的友谊，而且，小可的形象在其他同学眼中也大受损伤。小可为此事内疚了好久，他真的搞不懂自己现在怎么那么的冲动。

上例中的小可就是因为情绪冲动，一而再再而三地犯错，最终犯下不可弥补的过错。

控制冲动，做情感的主人

每个人在一生中都会产生情感冲动，如遇到成功时感到欣喜若狂，遇到打击时过于颓废和哀伤，对待不满的暴躁和愤怒，对待失败时的焦躁不安，这些都是一些情感冲动心理。当然也有些冲动是有益的，如对敌的勇敢等。但大多数情况下对人是不利的，它是一个人修养薄弱、情感脆弱的表现。冲动是人类进行心理改造的最基本对象。

那么，爱冲动的青少年应采取哪些积极有效的方法来控制自己冲动的情绪呢？

1. 理智地控制自己的情绪

用理智和意志来控制情绪，表面上是对自己自由的约束，其实，这种约束却能使你获得更多的自由。你们在遇到强烈的情绪刺激时，要强迫自己冷静下来，并快速分析事情的前因后果，然后，采取消除冲动情绪的"缓兵之计"，用理智战胜情绪上的困扰，正确评价自己，这不仅看到了自己的优势，也看到了自己的不足；进而使自己远离冲动、鲁莽的局面。因此，在某种意义上，你们如果能够理智地控制自己的情绪就意味着主宰了自己的命运。

2. 用暗示、转移注意法

如果你们遇到了使自己生气的事，一般都触动了自己的自尊和利益，此时是很难冷静下来的，所以，如果你发现自己的情绪非常激动、难以控制时，可以采取暗示或转移注意力的方法来做自我放松，并鼓励自己克制冲动的情绪。坚信冲动并不能解决问题，要锻炼自制力，学会用转移注意力或暗示的方法来处理问题。

3. 培养沟通的能力

在你不生气的时候，去和那些经常受你气的人谈谈心。听听彼此间最容易使对方发怒的事情，然后，想一个好的沟通方式，注意控制自己的情绪，不让自己生气。你可以出去散散步来缓和自己的情绪，这样保持一个平衡的心态，你就不会继续用毫无意义的怒气来虐待自己了。

4. 让自己冷静下来

在遇到冲突和不顺心的事时，最好不要去逃避问题，要学会掌握一些处理矛盾的方法。你可以考虑一下事情的前因后果，弄明白发生冲突的原因，双方分歧的关键在哪，然后，进行冷静的分析并找出一个切实可行的方法。例如：当你被别人无聊地讽刺或嘲笑时，如果你顿显暴怒，反唇相讥，就会引起双方的强烈争执，最终可能会出现于事无补的后果。此时，如果你冷静下来，采取一些有效的对策，如用沉默来抵挡抗议或者指责对方无聊，这样就会有效地抵御或避免冲动的情绪发生。

5. 多参加户外运动

心理学家研究表明，运动是有效缓解愤怒的方法，特别是户外活动。青少年正是年轻力壮的时候，要主动参加一些消耗体力的户外运动，例如：登山、游泳、跑步或拳击等，使那些不良的情绪得以宣泄。如果你觉得自己的情绪无法控制时，可以主动做一些户外运动，让冲动的情绪随着运动一起消失。

一个人如果简单地为情感所左右，就等于否认了自身应具有的理智价值。我们对待冲动，一方面要节制自己的奢望，要创造条件满足自己的合理需求；一方面要加强自我修养，自觉地接受社会控制。

4. 克服紧张心理

紧张是人体在精神及肉体两方面对外界事物反应的加强。紧张的程度常与生活变化的大小成比例。紧张使人睡眠不安，思考力及注意力不能集中，头痛、心悸、腹背疼痛、疲累。紧张其实每个人都有，只是紧张的程度不同而已。普通的紧张都是暂时性的。突发性的紧张是一种恐惧感。

当今世界是一个竞争激烈、快节奏、高效率的社会，这就不可避免地给人带来许多紧张和压力。人们需要适度的精神紧张，因为这是人们解决问题的必要条件。但是，过度的精神紧张，不仅不利于问题的解决，还会有损身体健康。因此，要克服紧张的心理，设法把自己从紧张的情绪中解脱出来。

紧张——心理上的缺陷

随着社会的进步，高科技突飞猛进的发展，人们的生活节奏日趋加快，社会竞争越来越激烈。优者生存，劣者淘汰使得人们面对不断变迁的事物时常出现不知所措的紧张心理。这是社会文明的必然产物，但又是适应社会和环境不得不克服的心理状态。

许某生长在一个中等家庭，是独生女。爸爸在十年前为了经商，离家到远地，忽然断了音信，不知下落。家里留下母亲与她两个人，靠母亲工作，维持家计。于是当她高中毕业以后，由于人长得漂亮，经人介绍到某个公司做事，一般谈吐很清楚，性格有点内向，个性很爽直，但是只要一见主管就会不由自主的紧张起来，而且手也抖得很厉害。

可见，许某各方面都很好，但过度的紧张心理却是一种缺陷。心理学家认为，紧张是一种有效的反应方式，是应付外界刺激和困难的一种准备。有了这种准备，便可产生应付瞬息万变的力量。因此紧张并不全是坏事。然而，持续的紧张状态，则能严重扰乱机体内部的平衡，并导致疾病。所以，我们应该学会自我克服紧张心理。

树立信心，克服紧张

由于自我意识的存在，你们这时是非常关注自己在他人眼中的形象的，在这种情况下与人交往，自然免不了紧张、不安和担心等情绪反应。那如何克服这种紧张的心理呢？

1. 正确估计自己，树立自信心

在日常学习和生活中应多考虑我要怎么做，要如何进取；在各种社交场合，应顺其自然地表现自己，不要总考虑别人怎么看待自己，自己要怎么迎合别人。

2. 保持良好的精神状态和身体状态。 精神要尽量放松，对面临事物有恐惧感的人往往吃不下，睡不着，惶惶不可终日，对其身心健康危害极大，为防止这种现象的发生，应该在思想上不过分夸大事物与个人前途得失的关系；另外，要保持良好的身体状况，不要过分疲劳，大脑过度劳累会造成头昏耳鸣，兴奋与抑制过程失调，

神经活动机能减退，加剧心理紧张程度。

3. 转移法。当你和别人在一起时，可以握一件东西，如一支笔，一个玩具或一个杯子等，握住这些可以产生一种较舒服和安全的心理效应，从而有助于消除紧张和羞怯感。

4. 正确看待自己。你们应客观地认识自己和评价自己的能力，把握好自己的方位和坐标，看准机遇，发挥自己的作用，并在快节奏中不断提高自己的心理承受能力，在各种事件中基本保持心理平衡。尤其是在学习中不要过分注意自己的弱点，多想自己的长处。

5. 真诚相处。在与别人交往中，应真诚坦荡，与人为善。虚伪不仅使人厌倦，而且自己也会因此而有不安全感，如不自觉地猜想别人会不会得知真相，猜想别人是否在背后议论自己，并为此惶惶不安，导致关系紧张。

6. 转移注意力。遇到紧张的情况时，深呼吸，转移注意力，尽量想轻松的事情，如听音乐，笑话，想自己能力所及的事情，这些不仅能去除烦恼，改善情绪，而且还能促进甲状腺的分泌。

7. 升华法。紧张的情绪也可予以升华，转用于学习或工作中。当情绪突然紧张起来时，往往精力特别集中，有可能把事情做得更好。而随着任务的顺利完成，内在的紧张感也得以渐渐消失。

8. 适当安排计划。若所拟的学习计划不符合实际，便会受到挫折而引起情绪紧张。有的心理学家建议，在制定学习进度表中，可安排一小段"真空时间"。在这段时间，完全"真空"不预先安排任何事情。每次到这段时间时，可利用它来完成先前未能做完的事情，或是着手下一步计划。这样既有助于完成计划又能感觉到自己能支配自己的学习，内心较为轻松。

9. 保持情绪稳定。对突如其来的事物和一些和自己关系重大的事情，你们开始面临它们时，生理上会发生急剧变化，心跳加快，呼吸急促，两手发抖，手心冒汗，这是由于过分焦虑和恐惧引起的。

这种过度紧张，使脑神经活动的兴奋与抑制丧失平衡，从而出现难以控制的心慌、不安、紧张，使思维处于抑制状态。其实，适度的紧张对人是有一定益处的，它可以进一步调动人体的各种机能，使思维更加活跃，产生一种增力作用。

因此，在出现过度紧张时，首先要树立信心，相信自己是完全可以战胜的。进而采取做深呼吸或默默数数的方法，以此来转移注意，稳定情绪。

只要你们对面临的事物有充分的了解和思想准备，对自己有正确的估计，保持精神松弛，保持良好的身体状态，以及保持稳定的情绪，就可以克服紧张心理，以使自己处于最佳的临场状态。

5. 克服孤独心理

孤独并不是指单独生活或独来独往。人人都可能有孤独的时候，一个人的身边也许有很多人，然而在大庭广众之下，未必就没有孤独感产生。孤独就是对周围一切一点也不了解，对所处环境及周围的人缺乏情感和思想的交流。

孤独是在日常交往中产生的一种冷落、寂寞和被遗弃的心理体验，这是一种消极的情绪表现，特别是对于青少年这一人群，在人际交往中出现的孤独感已是困扰你们的重要因素。这对你们行为发展极为不利。

孤独感往往是自己造成的

你们的孤独感是一种封闭心理的反映，是感到自身和外界隔绝或受到外界排斥所产生出来的孤伶苦闷的情感，这是在日常交往中产生的一种冷落、寂寞和被遗弃的心理体验，这是一种消极的情绪表现。

常见的情绪情感障碍有：害羞、恐惧、愤怒、嫉妒、狂妄等，其中，与孤独感密切相联的是害羞和恐惧。害羞和恐惧往往会使人产生逃避行为，从而避开与人交往的情境，离群索居，封闭自我。到了你们这个时期，你们的人际关系的特点也随着不断地发生着质的变化，主要表现在从精神上脱离对父母或成人的依赖，自我意识的进一步发展和完善，以及对成人权威的抵触和反抗，竞争和对抗的激化等方面。

在很多人的印象中，卢朋是一个很不爱说话、性格相当孤僻的孩子，在学校他很少和老师说话，同学们和他说话时，他也很少与人交谈，这对同学们和他之间的沟通产生了很大的影响。对于这些问题学校老师和他的家长进行了了解，原来卢朋在家里也是如此：卢朋的妈妈是养花专业户、平日里忙于整花、卖花，一天从早忙到晚，与孩子相处的时间很少。卢朋的爸爸又经常出差，在家团圆的日子都很少，所以卢朋从小就很少和父母说话，也很少叫妈妈，从来没有带朋友或同学到家里玩过，到了现在也是一个人玩。

人的身心要想处于正常状态就需要不断地从外界获得新的刺激。由于你自尊心的增强，它们与你生理、社会性发展的不平衡相互作用，导致你特有的闭锁心理，并因此而产生出孤独感。你们产生孤独感的原因主要是以下几方面：

1. 独立意识差。独立意识是一种向外的力量，你们处于身心健康全面发展的时期，是从不成熟走向成熟的过渡时期。此时，自己的社交和实践范围也在逐渐扩大，各方面和思维能力也在迅速增长，于是不愿再盲目地依从父母。而是积极地用自己的眼睛观察世界，感觉自己长大了，不需要依靠父母了，但残酷的现实又让你们觉得心惊胆战。为了摆脱这种困惑，大多数青少年朋友积极和同龄人交往，做个彼此间的了解。但也有一部分青少年朋友不屑与同龄人交往，害怕被骗从而转向自闭。

2. 不当的自我评价。有些青少年朋友往往对自己的自我评价过低，这样不仅会产生自卑心理，还容易因缺少朋友而产生孤独感。而有些青少年朋友在自我评价过高时，都比较清高，看不起别人，这种类型的人在交往中一般表现为不随和、不合群、不尊重他人，容易引起别人的不满，因此，过高自我评价的人往往因缺乏朋友而感到孤独。

3. 自我意识比较差。自我意识是一种向内的力量，在你们这个时期，自我意识开始觉醒并逐渐建立，产生了了解别人内心世界并被其他同龄人接受的需要。你们很关心自己在他人心目中的地位和形象，重视他人的评价。他们会将自己隐藏起来。一方面他们觉得自己心中有很多秘密，又不愿告诉别人；另一方面他们又渴望别人能真正了解自己。这种需要得不到满足时，他们便会陷入惆怅和苦恼，产生孤独感。

走出自己的世界，摆脱孤独

孤独感会使你们产生挫折、寂寞和烦躁等，严重的甚至有厌世轻生的念头。所以，你们应学会打破心理闭锁，消除孤独感。具体方法如下：

1. 多和父母沟通。你要多了解、多学习成年人的优点和长处，如果遇到不开心之事，可以向父母诉说，也许可以得到很好的解决办法，这样不仅可以增进父子之间的感情，还可以减少与父母之间的代沟。

2. 要克服自卑。你因为自卑而觉得自己各方面都不如别人，所以不敢与别人交往，时间久了就造成了孤独。其实，人和人之间是不可相比的，每个人都是不一样的，每一个人都有自己的长处和短处。所以，有孤独的你要自信起来，走出孤独的困惑，从而克服孤独。

3. 多做好事。星期天帮助自己的父母做一些力所能及的家务，在放学的路上，遇到老人或残疾人就帮助他们过马路。这样不仅可以排除孤独感，还可以净化心灵。

4. 朋友是最好的良药。开放自我、真诚、坦率地把自己交给他人。交往是一个相互沟通的过程，所以别人也会对你以诚相待，如果你感到孤独或需要关心时，可以主动接近别人、关心别人，别人也会以同样的真诚对待你的，如果你的朋友离你较远，你可以翻翻旧时的通讯录，给久未联系的朋友写写信。这样不但扩大你的社交面，还融洽了人际关系，孤独感自然就会消退了。要注意，和朋友的联系，不只是在你感到孤独时所要做的事，你要知道，别人也和你一样，也需要得到友谊的温暖。

5. 培养广泛的兴趣、爱好。学会为自己安排丰富有益的业余活动，把思想感情从孤独的小圈子里尽快解离出来，全身心地投入到高尚的活动中去。如游泳、打球、跑步等体育锻炼，既可以松弛心情，也可缓解孤独感，同时还可以得到激励。

6. 享受大自然的美。如果遇到挫折或心情不好时，此时又不愿向别人倾诉，可以到公园或田野里散步，用一丝丝的清风吹走你的坏心情，慢慢的心情就会开朗起来。要知道生活中有很多活动是充满了乐趣的，只要能充分领略它们的妙处，也能消除孤独感。

孤独绝对是可以克服掉的，只要我们愿意从自己的世界里走出来。相信，当我们走出孤独感的那一刻，便会发现，外面的世界原来是如此精彩，生活是这么美好，你们就会问自己：自己以前是不是很傻啊？

6. 克服依赖心理

依赖心理是中学生普遍存在的一种心理，拥有依赖心理的人生活中处处依赖他人，经常需要他人的帮助和指导，不够自立、自信、自主。人在天地间行走应该是独立的，作为一名中学生，跨进青春之门，进入青春期，头脑中应具备一定的独立意识，这种独立意识外在的表现首先就是要自己的事情自己做，克服对他人的依赖。

现代社会，独生子女的家庭越来越多，你们自幼就是在6：1的重重关怀之下成长的。也许你就是其中之一。在家里，父母、爷爷奶奶、外公外婆都视你为宝贝，自己生活的一切均由父母包揽，生活中从没有为自己的事情考虑过，全部听从父母的安排，这样就养成了你的依赖心理。抑或者，从小你就比较自卑，总认为自己不如他人，如知识贫乏、能力不强、笨嘴拙舌等等。于是，你遇事往往犹豫不决，缺乏自信，总需要他人的帮助和指导，很难单独进行自己的计划或做自己的事。久而久之，也容易养成依赖心理。

依赖心理——人生第二断乳期的普遍心理

其实，依赖心理在中学生当中是比较普遍的现象之一。曾有报道说，一个孩子面对没有剥壳的鸡蛋竟不知如何下口，因为平时都是父母剥好壳送到嘴边的。这样的说法也许有点夸张，但也从某些方面反应了当代社会中一些人尤其是未成年人依赖性比较强这个事实。

对于你们来讲，跨入青春之门，就意味着进入了心理断乳期。在这一时期，随着身心的发展，你一方面比以前拥有了更多的自由度，另一方面却担负起比以前更多的责任。然而，由于从小受到父母的过度溺爱和娇纵惯养，使得自己不懂生活的艰难。所以面对这些责任，你感到胆怯，因为你已经养成了做事靠父母的依赖心理，缺乏独立生活和处理问题的能力。或者你由于自卑，在日常交往中，不自觉地就总把自己放在配角位置，心甘情愿地受他人的支配，这也是严重的依赖心理。总之，这些特征概括来讲就是在心理成长上不够自立、自信、自主。

李丽芳是重庆某中学的一名学生，中考过后，她对自己的估分感觉还不错，估计上市里她心目中的那所重点高中是没有问题的。然而在兴奋之后，她又泛起了淡淡的焦虑。她家离市区比较远，如果到那里上学的话，肯定就要住校了。那么她发愁的问题就是，要离开家人，离开妈妈了，自己的生活该怎么办呢？因为从小到大，她除了在学校认真学习，学业成绩很好外，什么都不会做。不会洗衣服，不会照顾自己，从来都是饭来张口，衣来伸手。甚至连要穿什么衣服她也经常向正在厨房忙碌的妈妈喊："妈妈，我今天穿哪件衣服？""妈妈，穿哪条裤子？""穿哪双鞋？"。马上就要单飞了，李丽芳隐隐感到对即将开始的新生活的担忧和恐惧。

像李丽芳的这种情况，青少年朋友们的生活中肯定也不少遇到。这一方面是由于教育体制的原因。许多莘莘学子，在寒窗苦读十来年中，都沉浸在学习分数的拼杀上，往往忽略了自立自理能力的培养。所以，面对人生的第二次断乳期，李丽芳出现的恐惧依赖心理似乎也是在情理之中。心理专家分析，中学生的依赖心理主要表现在两个方面：

第一，凡事没有主见，总觉得自己能力不足，难以独立，处事优柔寡断，遇事总希望父母或师长为自己作个决定，想个办法。

第二，总喜欢和那些独立性强的同学交朋友，因为自己希望能在他们那里找到依靠，找到寄托。在学习上，喜欢让老师给予细心指导，时时给自己提出些要求；否则，自己就会茫然不知所措。而在家里，一切都听从父母的安排，甚至连自己的穿戴也没有自己的主张和看法。

专家分析，对于你们的这种依赖心理，如果不能得到及时纠正，发展下去就有可能形成依赖型人格障碍。因为依赖心理是一种消极的心理状态，它会对中学生个人独立人格的完善，自主性、积极性和创造力的发展造成不利影响。人总是要独立生活的，依赖性过强的人在需要独立时，可能对正常的生活、工作都感到很吃力，内心缺乏安全感，时常感到恐惧、焦虑、担心，很容易产生焦虑和抑郁等情绪反应，这些都会影响到身心健康。而且，通过生活中的例子我们也发现，依赖性较强的你在长大后一旦失去了可以依赖的人，往往就会不知所措。所以，当你开始跨入青春之门的时候，一定要具备一种独立意识，正所谓"自己的事情自己干"。

自己的事情自己干，无需依赖他人

人是万物之灵，而人之所以能够脱离动物界成为万物之灵，就是因为人类身上所特有的独立性。你要意识到，一个依赖别人的人，其实就意味着放弃对自我的主宰，这样的人容易失去自我，在遇到问题时，容易人云亦云，随波逐流，这样往往就不利于自己独立人格的形成。

那么，面对自己的依赖心理，你们究竟该如何改正，如何做起呢？首先，你们要认识到，依赖心理的形成是一个长期的过程，并且它是多种因素相互作用的结果。所以一个人要想克服自己的依赖心理，也并非朝夕之事，而是应该多角度、长时间地攻克它。具体来说，应该先从以下两方面做起。

第一，正确认知自我，充分认识到依赖心理的危害。

每个人都有自己优点和缺点，只有正确的认知自我，才能在发现自己的缺点和缺陷时，不把它们当成包袱背起来或是压在心头，才不会否定自己、肯定他人，对他人形成依赖。而要做到这一点，则必须先在心理上接纳自己，肯定自己，相信自己可以独立，自己的事情完全可以自己干。

第二，自己的事情自己干，逐渐增强自信心。

要克服依赖心理，最重要也最为关键的一点就是：自己的事情一定要自己做。就算是自己没有做过的事情也要锻炼做。从你决定要克服依赖心理的那一刻起，你就要纠正平时养成的习惯，提高自己的动手能力。比如平时在学校中，可以主动要求担任一些班级工作，使自己有机会面对问题，独立地去拿主意，想办法，以增强主人翁的意识。在学习上，多向独立性强的同学学习，不要什么事情都指望别人，遇到问题要做出属于自己的选择和判断，加强自主性和创造性。除了学习之外，还要多参加集体活动，学会去帮助他人，以增加自信心。在家里，自己能干的事情一定要自己干，千万别什么都推给父母，自己当个"小地主"。

没错，生活中，我们每个人都会需要别人的帮助，但别忘了你们也要发挥自己的主观能动性，大事可征求他人意见，但那也仅供参考。当你真正从对他人的依赖关系中解脱出来的时候，你就会有一种感觉，一种踏实的感觉，它让你感到一种自信的力量，让你享受到自主、自立给自己带来的喜悦和鼓舞；而那时，依赖心理也就无从立足了。

7. 克服虚荣心理

所谓虚荣，是指表面上的风光无限而内心却是畸形痛苦的一种不良心理。青少年的虚荣心是一种追求虚表的性格缺陷，是一种被扭曲了的自尊心。过分的追求虚荣是道德责任感的一种不良的心理反应，其本质是谋私利己的情感反映。每个人都需要自尊，都希望得到他人和社会的认可。但是，虚荣心强的人往往不是通过自己实实在在的努力，而是利用撒谎、投机等不良手段来获取虚名的。

虚荣就如浓厚的乌云，它会挡住灿烂的阳光而使人蒙受虚伪的阴影；虚荣如波涛汹涌的河水会冲断人生的桥梁，使人犹豫不决、徘徊不前。据调查统计，大多数青少年朋友都有虚荣心的表现。这种现象严重驱使了你的心理，使你们丧失了生活的基础，被扭曲了的自尊心呈现出了过分的虚荣表现，这是他们追求虚表的性格缺陷，从而使你们陷入勾心斗角的氛围中，因为一个人的虚荣心和另一个人的虚荣心是不能共存的，这是为了取得荣誉而表现出来的一种不正常的社会情感因素。

虚荣心理，有害无益

你一旦有了虚荣心，就如夏天突然袭来的狂风暴雨，它会毫不留情地吹走你的谦虚谨慎、自知之明、沉着稳健，以及那颗纯洁明静的心。它会给你带来骄傲自大和盲目追求的心理，让你像棉絮那样漂浮不定，始终找不到目标，到最后你还是失败了。青少年朋友，不妨翻阅一下历史，从中你就会发现许多因为虚荣而功败垂成的人。

孔雀是动物界里最美丽的，它有金黄和青翠的长尾，这一点是任何画家都难以描绘的。孔雀生性爱忌妒，它要是看见别的动物穿着华美了就会去追啄它们。孔雀很珍惜自己的尾巴，在深山老林里栖息的时候，它首先要选择搁置尾巴的地方才安身。

有一天下雨了，雨水打湿了它美丽的尾巴，捕鸟的人马上就要过来了，其他动物都不约而同地飞走了，可它还是只顾自己美丽的长尾，不愿意飞走，最终被捕鸟的人捉住了。

故事中的孔雀就是为了贪图虚荣而送上了自己的性命。其中也隐喻现实生活中的人们为了那些没有意义的美好理想而牺牲了自己的生命和自由。这些行为都是虚荣心过度的表现。

有着强烈虚荣心的人，总根据个人的私欲去追求一种表面的、暂时的、虚伪的效果，甚至弄虚作假、敲诈骗取，这种不理智的行为完全丧失了自身的存在价值，其目的就是为了取得荣誉和引起别人的注意，进而得到周围人的赞赏和羡慕。简单地说，虚荣就是对道德荣誉的一种反动表现。

你们产生虚荣心的原因有以下几个方面：

1. 爱面子。处在经济繁华的年代，有很多青少年朋友都非常爱面子。你们会在朋友或同学面前说出很多不合实际的话语，你们也会为能了实现自己的话而做出许多不合常理的事情来。这种现象严重影响了青少年的道德观。

2. 攀比心理。攀比心理对你的身心健康是极为不利的。你盲目的和其他同学攀比，这种现象很容易使青少年产生自卑、失落、嫉妒等等负面情绪，在攀比之下其心理很难以得到平衡，就会不断地埋怨自己、认为自己无能。越是这样就越掩盖自己的缺点，然而其虚荣心就越强烈。

3. 不良性格导致。你比较外向，性格活泼开朗，比较善于交往。因此，这种类型的你为了引起别人的注意，喜欢在公共场合中表现自己、也就是爱出风头。而那些性格内向的青少年，由于不爱说话，但又害怕别人瞧不起自己，于是经常说出一些虚荣的话来掩饰自己不自信的内心，为了得到他人的信任就会做出虚荣的行为。还有你因为学习成绩不好，就会用夸耀自己的家里很有钱等方式来获得心理的平衡等等，这些不良的行为严重地恶化了青少年朋友们的纯洁心灵。

4. 不正确的价值观。由于你对道德品质认识的不够深，对人格的重要性不明了的状态下。就会盲目地追求或显示自己的虚荣心，这种庸俗的思想行为往往只能迎来鄙视的目光，而受不到别人的尊敬和信赖。

85

摆脱虚荣，完善自我

从心理学的角度上来看，虚荣心是一种追求虚荣的性格缺陷或被扭曲了的自尊心。每个人都有自尊心，并且都希望能得到别人的认可，这是正常的心理需求。换个角度来看，虚荣心是不道德的社会心理病态，它常常使青少年们做出不成熟的行为。因此，青少年朋友克服虚荣心是非常必要的。

1. 你要认识虚荣心的危害。虚荣心较强的人，在心理上往往是自私、虚伪、欺诈的，这种表现与谦虚谨慎、不图虚名的美好品德是格格不入的。这种人从来都不思进取，对于自身的缺点总是想方设法去遮掩，而不是去改正。他们会为得来的赞赏而沾沾自喜。

2. 你要把握好攀比的分寸。你要保持清醒的头脑，面对现实、实事求是，根据自己的实际情况出发，认真地处理自己的事情。摆脱那些过于虚荣的心理困惑，克服盲目攀比心理。不要因为自己的某方面不如别人就试图找自己的长处来掩饰，要学会正视自己的不足，要知道立足于社会不是通过攀比个人价值来实现的。

3. 你要树立正确的荣辱观。在这个社会上，自身价值的实现是离不开社会现实的，青少年必须把对自身价值的认识建立在责任感上，对于那些荣誉、地位、得失要用理智的心态来面对。人生在世，要有一定的荣誉与地位，这是正常的心理需要。但是，一定要正确理解权力、地位及荣誉的真正内涵，才能从中获取人生中最重要的东西。

4. 你要有高尚的道德情操。你的高尚情感，要用道德品质来规范自己的言行，用高尚的道德品质或人格来战胜虚荣心，洁身自好，重品德。同时青少年朋友们还要正确对待失败和挫折，必须要从失败中吸取教训，从挫折中总结经验，并通过自己的艰苦奋斗，努力克服前进道路上的困难和障碍，树立起高尚的道德情操，这样才有可能实现自己的远大理想和抱负。

最后，你战胜虚荣心的主要方法就是要不断提高自己的修养、完善自己的人格、在困难和挫折中总结经验，从而走向人生的最高点。

虚荣心的克服，将使你们对自身的认识和改造上升到一个新的高度。当你们认识到了实实在在的自己之后，就会感到自己的奋斗有了更明确的方向和更充实的动力了。

8. 克服害羞心理

羞怯是青少年常见的一种逃避行为，它的表现形式是多种多样的。经常看到这种现象：有的人在路上碰到熟人因怕羞故意躲避；有的人不敢在大庭广众之下讲话，一讲就会手足无措、脸红耳赤。在心理学上都称为怕羞心理。

羞怯的心理每人都会有，只是轻重不同而已。从心理学角度看，羞怯是内心深处的胆怯、自卑、不自信等常见的外在表现。时间久了，会形成紧张、焦虑、恐惧等不良情绪，这种情绪会潜移默化地影响你们与他人的沟通与交流，使你们得不到健康的成长。

害羞心理——自己与自己为敌

你们产生羞怯心理大多数是由于性格内向，怕见生人，不愿与他人交往，不愿与同龄人一起玩耍，不愿在公开场合抛头露面，总是喜欢一个人默默地呆在一旁，尽量不引起他人的注意。经心理学家研究表明，青少年进入青年期以后，不仅注重自我形象，而且还注重别人对自己的看法，关心自己在人们心目中的形象。但如果这种过于超出常态，久而久之，便会成为一种心理上的束缚，以致不恰当地约束自己的言行，怕与人交往，怯于在公开场合讲话。即使在和他人交往时，也会表现得无所适从、语无伦次，不但不能畅所欲言，反而会过多地约束自己的言行。有时在和朋友交谈中不能坦率地表达自己的思想感情，造成难以与他人进行正常的交流和沟通。

"小凯从小就非常内向，平时见人就脸红，更为严重的是，几乎不敢在课堂上回答问题。每当老师上课提问时，他都把头埋在书里，不敢抬头与老师的目光对视。而一旦被叫起来回答问题，就站也不是，坐也不是，有时还浑身发抖。一次班会上，老师要求他上台给大家唱首歌。他低着头半天发不出一点声音，虽然大家鼓掌给他鼓励，但最终他还是一声不吭地从台上跑了下来。"

随着你的年龄增长，有的青少年朋友在心理开始产生各种各样的思想烦恼。然而，羞怯就是主要原因之一。青少年产生羞怯心理的具体原因如下：

1. 家庭环境的影响。据有关人士调查，大多数有羞怯心理的青少年。因父母自己就存在羞怯情绪，有时，在别人面前说话或办事表现得畏畏缩缩。另外，因为父母经常责备或打骂你，这样不仅使你缺乏交流和亲情，还会让你觉得比别人低一等，由此产生羞怯自卑的心理。

2. 害怕心理。有的青少年朋友特别害怕别人的亲近，对别人不信任、多疑，担心接触多了被别人知道自己的内心世界。

3. 个性差异。因为你们每一个人的个性气质都不相同，有的内向、害羞、退缩；有的则是活泼、大方。如果你生性内向、害羞或胆小，必然比较容易怕生。

4. 对环境的适应。对现在激烈竞争的社会环境不适应，缺乏特殊的社交技巧，无法进入社交氛围，从而产生羞怯的心理。

5. 缺乏自信和实践锻炼。有些人总认为自己没有迷人的外表，没有过人的本领，属于能力平平之辈，因此他们在交往中没有信心，患得患失。长期的谨小慎微不仅使你们体验不到成功的喜悦，而且使你们更加不相信自己的能力。加之多数你们的学生生活环境比较顺利，缺乏实践锻炼的机会。这些往往是导致害羞的重要的原因。

坚定信念，克服害羞

害羞不能成为一生的负担。害羞的人可以尝试着融入一个新的社交环境，逐渐克服害羞心理。那么，应如何帮助青少年克服害羞心理呢？

1. 提高自信心。你们羞怯的根源是你们看不到自己的优点和长处，总认为自己无知无能，害怕不能给别人留下好印象。其实，现实生活中，每个人都有自己的优点和缺点。你要善于发现自己的特长，并很好地发挥，从而提高自信心，克服羞怯心理。

2. 提高自己的社交技巧。羞怯的人，总会担心别人瞧不起自己而不去交友。这时，就应该多结交朋友，在生活中找个没有羞怯心理的伙伴作为自己学习的榜样。另外，还要多参加有益的公众活动，如果能够找到自己感兴趣的活动时，就会很容易摆脱羞怯。

3. 挖掘自己的特长，以使自己在某个领域中成为最优秀的。有很多青少年朋友因为孤陋寡闻、平庸无能，造成与别人没有话可说，并且对自己的成就也不欣赏。如果你在某个领域中掌握常人所没有的知识和技巧，就会因为自己的一技之长而增加自信心，从而结交更多的朋友克服羞怯心理。

4. 勇于和别人交往。向经常见面但说话不多的人如邮递员、售货员等问好；与人交往，特别是与陌生人交往，要善于把紧张情绪放松。使用一些平静、放松的语句，进行自我暗示，常能起到缓和紧张情绪，减轻心理负担的作用。

在这个世界上有很多著名人物都曾有过羞怯心理，如美国前任总统卡特及他的夫人、英国的王子查尔斯、著名的女影星凯瑟琳·赫本等都曾坦率地承认自己曾经是一个十分怕羞的人。可是，经过他们有意识的磨练，最终克服了羞怯心理，取得了令人瞩目的成功，最后都成为了社交界的明星。所以，有羞怯心理的青少年，只要拥有坚定的信念，用持之以恒的态度，就能克服羞怯心理。

也许你们并不能一夜间就能完全克服羞怯心理，也许你们内心深处仍感到害羞。但是，只要你们能够不断和人们沟通，努力锻炼自己，那么就能拥有自信与大方的笑容。

9. 克服自私心理

自私是社会中普遍的病状心理现象。"自"是指自我的意思；"私"是指自身的利益；"自私"就是只顾自身的利益，不顾他人、集体和社会的利益，这是一种病态社会心理。一般有自私心理的人主要表现在不讲理，把自己的东西看得最重要，不管别人的利益是否受到损害。

一般情况，自私的青少年朋友嫉妒心很强，心中只有自己根本容纳不下别人。黑格尔曾说"嫉妒是平庸的情调，是对卓越才能产生的反感"。如果谁的能力比你强并取得了好成绩，甚至容貌、身材等超过你，你就会感到不舒服，就会想办法诬陷或为难比他强的人。这种不良的心理现象害人又害己，严重地影响了你的身心健康。当周围人的本事比自己强时，或取得了好成绩时，你都会感到难受而老想方设法诋毁、诬陷、为难比你强的。

自私心理，损人利己

自私的人会斤斤计较个人的胜败得失，整天处于小算计之中。如此一来，就难以把目光投向远大的人生目标，自然也就难成大器。也就是说自私会消磨意志，使其不会有大的作为。

自私会损害同学之间的人际关系。一个过于自私的你是不会乐于帮助别人的，因此你也往往不会得到别人的帮助，得不到关心和爱护。相反，很多同学和朋友可能因为你过于自私而疏远你、蔑视你、敌视你。这样，自己就会觉得孤立无援，就会丧失对学习、对生活的乐趣。自私的你即使对父母也是自私的。现实生活中有很多人在成家后，仍然缺乏对父母的孝心，仍然算计父母的为数不算少。

韩女士感冒发烧好几天了，全身一点力气也没有，女儿不仅没关心问候她，每天还像往常一样等着她做饭、泡咖啡、冲牛奶，而且不管费事不费事，仍点着要做她平时爱吃的饭菜。她想责怪女儿不懂事，但一想到女儿每天学习那么紧张，嘴边的话就没说出来。但让她没想到的是，星期天女儿突然来了兴致，要去郊游，还生拉硬扯着要母亲陪她一块去。韩女士此时头晕无力，对女儿说："娟子，妈实在去不了，妈妈下地走几圈都没力气，要不你自个去吧。"谁知女儿一跺脚，任性地说："妈！你平时不总说是为我活着嘛！我就要你去！叫我一个人去游东湖，想照张相还得求别人，一点儿意思也没有！"

韩女士说："娟子，妈真的去不了。"

"去不了也得去！"女儿蛮横地说。

母亲拗不过女儿，只得陪女儿一起去十几公里外的东湖，结果回来就住进了医院。

自私是一种自我保护的本能，是一种下意识的反应。青少年朋友大多数都有不同程度的自私倾向。有人说自私是人的本性，与心理不健康没有关系，多是受"人不为己，天诛地灭"观念的影响。其实，有自私心理的青少年朋友主要是因为当周围人的能力比自己强时或是取得了好成绩时，你内心会感到很难受，就会想方设法诬陷、诋毁、为难比他强的人。这些多是因家庭教育方式的不得当和社会的消极所影响，导致有些青少年朋友一直停留在有我无物的阶段，并没把主观原因和客观原因统一结合起来。这种以自我为中心的意识在你的行为表现上都是自私和没有责任感的表现。

你们自私心理的原因：

1. 嫉妒别人。一般自私的你嫉妒心很强，对别人的不满心理很强，想着别人这样了，为什么我就不能这样。这就严重影响了你的心理健康了。

2. 家庭环境的影响。现在的独生子女几乎都不同程度地具有自私的问题。由于是家中唯一的子女，于是集母爱于一身，甚至垄断了父母的整个身心。家里有什么好吃的东西都先尽你一个人享用，有什么要求家长就尽量满足，久而久之，自然而然地使他养成了自私的毛病。加之没有兄弟姐妹，缺乏合作、分享、谦让、奉献等集体生活的经验，容易形成以自我为中心的思想观念。

3. 受父母的言谈举止。成长的时期的模仿能力都很强。有这样一则笑话，一对夫妇对自己的儿子百般疼爱，而对父母却万般挑剔，有一天，这对夫妇恶劣行为被他们的儿子看到了，孩子大声叫着说："我记住了"，父母紧迫地问他记住了什么，儿子说"记住你们怎样对待爷爷奶奶，长大了我就怎样对待你们。"父母一时不知所措。由此可见，成人自私的言行严重地影响了青少年自私心理的形成。

4. 社会原因。现在的社会中，流传着这样的话：人不为己，天诛地灭。这确实是一种普遍的现象。如果你不自私，那么就会被别人抢先或者是自己根本就没有机会，而你的认知不是很强，很容易受这种思想的影响。

调试自私心理，拥有宽阔心态

自私是不健康的自我观念。自私就是站在自身的利益上考虑问题，把自己的利益和意愿放在首位，从不顾虑别人的感受，更有甚者会为了自己的利益而不惜一切代价伤害他人的自尊或荣誉。多表现在心中狭隘、斤斤计较、缺乏同情心和爱心等。

自私这种病态心理严重地腐蚀着青少年的心灵。因此，你要学会调适自私的心理。

1. 培养自身的集体荣誉感。自私是指自身的言行举止只考虑自己的利益，不顾及社会和集体的利益。有这种心理的你，往往集体观念比较弱，只为个人的前途和利益着想。如果你能通过自省，来反思自身的某些心理现象，从自己自私行为中看到不良后果和危害，从而改正自己的错误。处处为他人和集体着想，尊师守纪，勤奋学习，慢慢地就走出自私的心理。

2. 取消自己在家中的"特殊"地位。在日常生活中，尽量不要给自己一些特殊的待遇，对于你们的需求只是适当地给予满足自己，让自己知道所有的人都是平等的，久而久之，就消除以"自我为中心"自私心理。

3. 要学会尊老爱幼。你在享受时要先考虑长辈。比如在吃饭时，为长辈夹菜，舒服的位置让给长辈坐；别人对自己服务时要对此表示感谢；如果别人遇到困难时，自己要尽可能给困难的朋友提供帮助。多做一些好事，在自身的行为中纠正以前那些自私的心态，从他人的认可和赞同中获取乐趣，使自己的心灵得到净化。

4. 与朋友一起玩耍。在和朋友在一起玩时，把自己的玩具和图书拿出来，和朋友一起分享，时间长了，就会养成团结友爱、相互谦让的好品德。

5. 自己不要无理要求。有时候你会提出一些无理和不切实际的要求，此时，自己必须坚决地杜绝。

6. 要主动承担家务劳动。你在家时要多做些力所能及的家务劳动。例如：整理自己的房间、洗衣服、为下班回来的爸爸妈妈倒杯热水等。这样不仅能体验到父母的艰辛，还能培养自己热爱劳动和独立自主生活的能力，从而克服自私的心理，让自己拥有一个宽阔无私的心态。

要克服自私的心理，就要提高自己的涵养，树立正确的人生观，遇事多考虑点别人，少想点自己，不要认为别人活着都是为了自己。要学会宽容别人，谅解别人，不要自以为是，对别人给自己的伤害不要总是寻机报复，而应该宽博仁爱，与人为善。

10. 青春期性心理意识的发展

人们都在变化，心理也是随时都在发生变化的。青少年们，你们在这时，心理上也有了一点点的变化，受到外界的文化氛围的影响，心理意识也在不断地变化着。由于性方面知识逐渐地深入到你们这一特殊群体中，不少的青少年朋友们的性意识也有了一定程度的发展。

青春期是青少年朋友们的大脑日趋走向成熟的时期，此时，你们的心理活动千变万化、丰富多彩，由于生理的发育逐渐成熟其心理便自然产生了性意识，渴望了解性知识，因此，对异性也产生了好感。同时，你们接触社会的范围也慢慢扩大了。大部分青少年都能顺利地度过这一阶段，但也有些青少年朋友却因为不断的生理变化在心理上会产生不安的情绪，进而影响到其身心健康的成长。

青少年要了解基本的性生理

青春期给你的身体带来了巨大变化，因此，了解性知识对处于青春期的青少年朋友们具有特别重要的意义。青少年，你要正确对待青春期出现的一些生理心理现象，对性欲冲动要保持冷静、理智的态度，在成长发育期间产生的性生理疾病和性心理障碍，要学会自我调节、自我完善。

16 岁的小琼是有一张天使般的面孔，可她却不是天使而常常被人称为"假小子"。原来，小琼父亲家里几代单传，到他这儿生下的

却是个女孩。从小全家人都把小琼当成男孩来养，穿肥大的男孩衣服，留着小平头，说起话来粗声粗气。小琼还讨厌和女孩一起玩，而是整天与男孩子们混在一起，张口就是"哥们儿"……她对自己的性别已不愿接受了。

这就是明显地对自己的性心理意识的发展，性生理上的发展，导致了许多的青少年朋友不能清楚地认识。

青春期是儿童走向成人的过渡时期，这个阶段的青少年在生理和心理都发生了巨大变化，尤其是性器官的发育及第二性征的出现，不管是少男还是少女在心理上都发生了巨大变化，最为明显的是性心理特点。青春期性生理的主要特征如下：

一、强烈的性欲望。青少年们具有强烈的性欲望是性成熟的一种正常生理和心理反应，也是一种比较常见的自然现象。然而，这种自然现象可以通过坚强的意志来加以调节和控制。思想健康、意志坚强的人能够调节自己的性心理的，同时，也能控制自己的性思维和行为，从而，保证身心健康的成长；相反，如果意志薄弱、追求低级趣味的人，则很容易受性欲望的驱使，并做出一些有损自己身心健康的事，甚至导致性犯罪行为。这种行为对青少年的健康极不利。

二、迫切地追求异性。处在青春期的青少年渴望自己得到性爱，为此希望自己能得到一个理想的配偶，这是人之常情，可以被理解。但作为一个有梦想、有志气的青少年应该坚持自己的原则，把学习和理想放在第一位，正确处理好青春期的性欲望，使自己保持一个良好的心理状态，把自己的满腔热情和全部精力投入到学习中去。

三、对性充满好奇。由于青少年缺乏性知识，于是对其便产生了强烈的好奇心。这个年龄阶段的青少年不仅渴望了解性知识，还想了解自身性发育的情况，更想弄清楚异性的奥秘；所以，由于你们强烈的好奇心希望能与异性交往。

四、暂时的疏远异性。在青春的发育初期，青少年经常会避开异性同学，这种现象女生比较多见。这主要与生理的发育因素有关。由于第二性征的出现，使青少年对自身的生理和形态所发生的剧变感到茫然与害羞，因此，不由自主地对异性产生反感和疏远。

五、羡慕长者的无忧无虑。青少年时期经常会对周围的一些优秀人员有仰慕爱戴、心神向往的心态，而且会模仿这些优秀人员的言谈举动，以至入迷。

青少年时期，要学会自我调节

由于性日渐成熟，有性冲动也是很正常的，如果你的注意力集中在性的方面，那很可能会出现偏差，而且还会影响正常的学习和生活。因此，青少年要自觉地用理智来进行自我调节，淡化性冲动，取得心理上的平衡，使身心能够健康发展。

1. 坚持与异性朋友文明交往。学习、工作和生活都不可避免与异性交往。如果与异性的交往不慎，就会带来很多不必要的苦恼和麻烦，尤其是青少年时期的男女青年，更是如此。因此，青少年应该树立正确的交往理念，在与异性交往时要坚持自然、大方、文明。对于青少年来说，正是钟情怀春的初期，在此交往时更应该心地坦白、自然大方。如果对某个异性产生好感时，要学会理智地控制自己，战胜情感的冲动。在交往时也要注意时间、地点和场合，要注重自己的言谈举止，既要热情、大方，又要文明礼貌，努力把自己塑造成一个高尚风度的青少年。

2. 大量的补充知识。在目前的知识时代，知识就是万力能源，一个人知识越多，就越聪明、理智；其精神生活就会丰富多彩，生活就会充实、快乐。这样，就不会把注意力过于集中在性方面。所以，青少年要把精力放在学习科学文化知识上，同时，也有必要掌握一些性知识，这样就可以摆脱性恐惧、性愚昧、性神秘所带来的烦恼了。

3. 不要接触那些不良的刊物。如色情的书刊、影视或图画等，这些东西都会刺激青少年性冲动，它不仅影响青少年的正常学习和生活，还容易诱导青少年走上性犯罪的歧途。所以，青少年在受教育的过程中，一定要严格要求自己，要努力抵制那些不良的影像书刊的诱惑，确保自己健康快乐的生活。

4. 要做一个有理想的人。青春期是人一生中的黄金时期，一个有理想、有目标、有追求的青少年，会在精神鼓舞下千方百计克服种种困难，然后，积极向上，不断进取。因为，学习和事业是生活中主导的部位，而恋爱和婚姻只是生活的一部分，所以，对于有理想、有抱负的青少年，会时常把精力放在学习和追求理想方面，会摆正自己的学业和生活位置，把握好事业与爱情的关系。

5. 自我调节与自我暗示法。青少年时期需要锻炼坚强的意志，如果出现性冲动，可用自我暗示法，来调节自己的情绪，如"要冷静，不要冲动"等；这种强大的动力，对于疏导、调节青少年的性欲冲动有着巨大的积极作用。

总之，为了青少年的身心健康成长，我们不要过分地控制对性的感情和表现，最重要的是要给予正确的引导，使其有利于人类的幸福和发展。也让青少年对性的建立有一个正确的观念，使青少年都成长为高尚、健康、幸福和大有作为的人。

青少年随着性意识的发展，要正确地认识男女之间的性，学会自我调节身体以及生理方面的发展，不要过分在意自己的身体，那都是正常的生理现象。因此，不要太过于回避性问题，不敢面对性。对调节自身的性意识也要格外地加强。

11. 青春期恋爱的心理影响

青春是不容错过的时期，在青春期间，中学生的心理是复杂多变的，并不是那么简单的，这时的学生心理浮动比较大，容易受到外界的影响，一旦遇到有什么特殊的事情的时候，就会表现得格外敏感。因此，青春期时的恋爱也是一个很敏感的话题。学会眺望爱情这片繁花似锦的海洋，保持良好的心理是十分重要的。

德国作家歌德曾经说过："青年男子哪个不善钟情？妙龄少女谁个不善怀春？"青少年朋友们爱慕异性，是极为正常的心理现象，每个精神发育正常的青少年们都会有这种感情的自然流露。进入青春期后的青年男女彼此向往、相互爱慕，是青少年性心理发展的一个重要表现，也是青少年朋友恋爱成功与婚姻美满的性心理基础。一般来说，与异性的正常交往，是心理健康发展的需要，对于激发美好生活的追求，鼓舞奋进的理想，具有不可替代的作用。但彼此对异性追求的情感特点却有所不同，男青年对爱情往往表现得外露、热烈，显得热情奔放，但较为粗犷。女青年对异性的爱慕情感往往含蓄、深沉，表现为娇媚、自尊，而略显羞涩、被动。

心理波动比较大

进入青春期，随着性生理发育的成熟，少男少女开始渴望接近异性。对异性有更进一步的欲望也是在情理之中，因为异性间的自然吸引是人的一种情感需要，但是，由于年龄还小，性心理发育还没有成熟，驾驭感情的能力还很薄弱，还缺乏冷静地分析人和事以及用伦理道德约束自己的能力。所以，如果过早涉及感情问题，容易造成因失去理智而做出不该做的事，给自己及他人的身心造成难以愈合的创伤。

处于青春期的青少年，你们开始向往和追求异性，是性生理发展的正常阶段，恋爱也是其中比较正常的心理现象。青春期的青少年，生理和心理都有着急剧的发展，但性心理发展更急剧，性冲动与性欲望会不断的产生，形成一种特殊的性感体验。双方有了渴望相互交往，相互之间交流的情感体验期，所以就会自然地被异性同学吸引，而心理上想接触异性同学和异性同学交往的欲望，当然就更加强烈了。

刚上初二的学生李芬，性格比较活泼，喜欢结交很多的朋友，她在初一的时候认识了几个外校的男生，就特别注意自己的打扮。开始变得爱和男生说话，并且特别喜欢和一个大她一岁的王刚在一起，她不知道那是什么。因为平时自己总是大大咧咧的，也不在乎自己的想法，后来，只要是一天没和王刚在一起，就特别地心情不好。王刚也喜欢和她在一起，但是两个人都不知道那是爱情不是。

其实，这就是一种很潜在的恋爱的过程。双方在彼此相处的过程中，都对彼此有好感，并且喜欢和对方在一起，但是由于青春期的发育，彼此又不是很懂，青春期时的恋爱的心理就是这样，如此神秘。

这一时期的青少年，女性性意识比男性成熟早，而男性获得某些性感体验的平均年龄要在女性之上。在内心体验上，男生多新奇、喜悦和神秘，而女生则常常是惊慌、羞涩和不知所措；在表达方式上，男生一般较主动，而女生则较为被动，往往采取暗示的方式。

青少年时期的心理特征

随着青少年"恋爱"出现低龄化的趋势，专家们一致认为造成这种趋势的原因，是现在学生身体发育早、成熟期低龄化，是受社会各种媒体的不健康信息的影响。"恋爱"实际上只是一种异性吸引的激情，并不是恋爱的本质内容。更何况感情问题，还不是现在要思考的问题，青年男女还不具备处理这个问题的基本条件和能力。现在应当思考的问题是如何圆满地完成学业，为将来的事业打好基础。所以，有过早"恋爱"倾向的男女同学要尽快摆脱这个想法。恋爱期间的青年男女双方心理一般都具备下面的几种特性。

第一，直觉性。男女之间会出于直觉将对方美化，并被对方所吸引。所谓"情人眼里出西施"，就是把自己所希望出现的特征赋予对方；所谓"月移花影动，疑是玉人来"，则是把自然景物和周围环境都打上了爱情的印记。这种直觉性的恋爱可能会让自己在学习、工作中猿意马，容易出现差错。所以处于恋爱期的青年男女应注意控制情绪，利用爱情的强大动力，相互帮助，共同提高。

第二，隐蔽性。青年男女在热恋期间最明显的特征就是在言辞方面：含蓄且富有诗意；行为方面：隐蔽且富有德行。简言之，他们在言谈、举止、目光、表情、行为方面处处体现着一个"爱"字。

第三，排他性。热恋期间的青年男女往往具有独占心理，会要求意中人的专一挚着、忠贞不渝，会排斥对对方有好感的人，不允许第三者介入，容易"吃醋"。有这种心理的青年男女应该明白，爱情是宽容的，要尊重对方的人格，允许对方保持正常的人际交往。心胸狭隘、自我封闭非常不利于爱情的健康发展。无故猜疑、干涉别人人身自由必然会给自己和对方都带来烦恼，甚至导致爱情的破裂。

第四，波动性。这个期间的男女的情绪变化很大，反复无常。热可达到白热化，冷则骤降至冰点；高兴时喜笑颜开、手舞足蹈，懊恼时则垂头丧气。这种大起大落的情绪变化有时会对身心健康带来不良影响。所以大家应通过加强自我修养、不断进行自我完善，减少自己的情绪波动。

第五，冲动性。处于热恋中的青年男女，认识活动范围往往会因对异性的专注而缩小，理智分析能力也会受到抑制，习惯行为受到破坏，此时发生的许多事情与平时可以完全不同，同时由于控制自己的能力减弱，青年男女们往往不能约束自己的行为，不能正确评价自己行动的意义与后果，因而可能导致一些不理性的事情发生，甚至做出违法乱纪的事情来。为了避免自己的冲动造成无法挽回的恶果，处在热恋中的青年男女应该互相尊重，自我尊重，保持爱情的纯洁。

青春期的男女双方可以通过与异性交往，从对方那里取长补短，来提高自己的智力活动水平。同时异性之间的情感交流，可以让人感到温暖，达到心理上的平衡。正常的异性交往能给双方造成一个发展各自优点的最佳环境，男女生都想成为受异性注目和欢迎的人，都会极力地改变自己、完善自己，这是自我发展、自我评价、自我完善的最佳心理环境，对改正和克服自己的缺点和弱点是一个难得的促进机会。

12. 提高自我控制能力

自我控制能力是控制自己、支配自己的行动，并自觉调节自己行为的能力。它主要表现为个人对自己行为的监督和调节。随着年龄的增长、思维的发展，青少年的自我控制能力有了很大的发展。但由于思维的抽象逻辑水平还比较低，缺乏社会经验，意志力还很薄弱，青少年的自我控制能力较弱。

青少年如何自我控制

对于青少年朋友来说，学会自律，主要是控制自己，"控制者"和"被控制的对象"都是自我。那么，青少年为什么要学会自我控制呢？

　　首先，自我控制有助于实现自我与社会的同一性。人从自然人发展成社会人的过程，需要通过自我学习，逐步具备社会成员所必需的知识、技能、态度、情感和行为，使社会要求逐步内化为人的观念和行为。其次，自我控制有助于青少年实现人格的社会化。最后，自我控制有助于激发青少年内在的潜能。

　　如何锻炼和提高青少年的自我控制能力？

　　自我控制的前提是：青少年的心中有个目的要不惜一切地达到，如果没有这个那一切都是空谈。人只有在为了某件自己认为值得的事情的时候才会控制自己并想办法达成，而什么都没有的人是没有必要那样做的。所以最好是帮青少年树立一个目标并鼓励他达到，在这个过程中他自然而然的就学会自己控制自己了。这可以从以下三个方面来实现：

　　品德方面自我控制能力的培养和提高

　　1. 能作出正确的道德选择，树立道德理想。

　　理想是石，敲出星星之火；理想是火，点燃熄灭的灯；理想是灯，照亮前行的路；理想是路，引你走向黎明。理想是可以预见未来、走在生活前面并反映生活发展趋势的一种形象。它遥遥在前，指引方向，号召前进，它包含有自我控制的目标。道德理想是推动人的道德不断发展的强大动力。

　　青少年学生要明确自己是未来国家社会主义事业的建设者。中国在国际竞争中正面临着严峻的挑战，你们将是中国能否在世界崛起的关键一代。你们要树立起为国家富强而拼搏的责任感。你们在复杂的生活面前作出道德选择时，可能面临严峻的思想斗争，在这时，你们要接受成人的指导，但关键还是要你们自己作出选择。因为教师、家长只能交给你们思考的钥匙，他们会让你们自己去调查、认识各种社会现象，明辨道德是非；针对现实问题和矛盾，给你们以实事求是、通情达理的答疑解难，通过有效的教育控制工程，去规范和训练你们的基础道德行为和对待社会生活的态度和方式。这样，你们就能清醒地而不是盲目地作出正确的道德选择，为今后的发展打下良好的基础。

2. 要善于激发自己自我控制、自我修养的愿望。

德育过程是一个内化的过程，表现在人的社会化过程中，按照道德标准来支配自己的行为，逐步将社会道德规范内化，构成自己的精神世界。马克思曾经说过，人来到这个世间没有带着镜子，他总是习惯于拿社会群体当作镜子来照，在他掌握了这种社会知觉的方法之后，他便把镜子挪到了自我的内部。因此，通过他人测评、自我测评与群体中互相测评，每个人都能够认识自己的素质：自己的优势素质是什么，短缺素质是什么，亟待改进的素质是什么；社会与工作需要的是什么素质，不需要的是什么素质；什么是良好的素质，什么是低劣的素质。因而会由此激发与产生改善自身素质，加强自我修养的愿望与行为。

3. 行为方面自我控制能力的培养和提高。

科学的世界观和高尚的人生观是提高自控能力的源泉和行动的指南。战胜惰性绝不是件容易事。所以日本著名排球教练大松博文有句名言："对人来说，最苦的莫过于战胜自己"。人们总是在不断克服自己惰性的过程中培养自控能力的，这就必须从一点一滴做起。不要瞧不起小小的胜利，高尔基说过："就是对自己的一个小小的胜利，也能使人坚强许多。"那么，青少年应怎样控制自己的行为呢？

第一，把思考和行动贯彻、联结及融洽在一起即能够顺利、自然地将自己认识理解的东西用于指导自己的实践活动，而不是当"语言的巨人，行动的矮子"。这要求个人一是能把自己思和行、知和行结合起来，沟通思想系统与行为系统，使他们相互作用、启发、参照、验证；二是经常对自己的行为进行预思和反思，总结过去，设计将来。

第二，果断抉择行为的方向，迅速改变行为方式，有效发动和制止某种行为的能力，这些也统称为统摄、控制能力。这要求个人一是建立起由宏观行为到微观行为的协调、控制能力，不要因一些不自觉的习惯性细微行为破坏总体行为；二是有一个畅通的反馈渠道，从各种行为的结果上判别它的价值优劣，并在主观上作出相应的调整。

第三，自主、自立、自助、自理能力。自主是对自己所做的一切敢负责任的精神，而自立是一种要脱离襁褓，推开拐杖，独立行走于人生大道的能力。自理包括心理的自我调节能力和日常生活中的动手能力，而自助是自主精神在物质生活领域的特殊要求。自主精神是内在潜力的催发剂，能力大都是靠后天培养的，一个人如果要在总体上提高自己的行为本领，就要注意在培养自己自主精神上下工夫。

4. 学习方面自我控制能力的培养和提高

盲从就是没有主见，是缺乏自控能力的具体表现。有些青年学生由于"意识自控能力"薄弱，不善于独立思考，是非不分，受骗上当，采取了盲目行动，结果造成了不良后果。因此，我们每做一件事情，都应该三思而后行。凡事一定要想了干，切不可干了再想。只有这样，才能发挥独立思考的作用，不随波逐流。因此，独立思考，三思而行是增强自控能力的关键。对待学习也是如此，要独立思考，不满足于现成的答案，要进行创造性的学习，以培养创新精神。

培养青少年自控能力

当代学者认为，未来的文盲不只是不识字的人，而且也包括没有学会如何学习、如何创造的人。青少年学生在获得自学能力的过程中，应把自己从读、背、抄、考的沉重负担里解脱出来，创造一个主动的学习环境。那么，你们在学习上应如何培养和提高自己的自我控制能力呢？

首先，激发学习动机，培养学习兴趣。

爱因斯坦说，"兴趣是最好的老师。"教育心理学也告诉我们，兴趣是组成学习动机的因素之一，兴趣在动机中处于中心地位，是动机的最活跃成分。

培根说"知识就是力量"，有了知识，才能担当起建设社会主义社会的重任。作为一名中学生，必须明确学习的社会意义和个人意义。学习使人获得新的知识经验，人们在获得和应用新经验时，扩展、完善着原有的认知结构，重新塑造着个性，使心理发生量和质的变化，并达到新的水平。学习兴趣使人的视野开阔，胸怀豁达，精力充沛，有力地推动学习和学习过程中的创造性活动。广泛的兴趣可以促使自己去接触和注意多方面的事物，获得广博的知识，因而使自己的智力获得多方面的发展。

其次，掌握科学的学习方法和自我控制的方法。青少年学生应体会到适当的预习，有助于从容不迫地听课；及时复习，明确先复习什么、后复习什么的重要性；定期小结，认真作业，才能满怀信心地考出好成绩。这样环环相扣，正确处理好学习活动中的各种矛盾。

13. 自我调节情绪

人最基本的情绪就是喜、怒、哀、惧，这些情绪对每个人的认识、意志和个性都有非常重要的影响。所以，好的情绪可以使人乐观向上、处事果断，而且具有丰富的创造性和灵感。然而，那些不良的情绪会使人们产生疲劳和烦闷，对身心健康的成长极不利。所以，青少年要学会自我调节情绪，让自己快乐度过每一天。

情绪是自身对客观事物的一种体验和态度。在日常生活中，有

些青少年整天休闲自得、快快乐乐，从不知道愁是什么滋味；而有的青少年则经常无精打采，心生自卑总是看不起自己，因此，内心感到孤独和压抑，不愿与别人交往，整天把自己封闭起来。这些不良的情绪严重地影响了青少年的日常生活和学习，使他们的能力不能得到全面的提高。因此，青少年要想维护自己正常的生理和心理的健康，就必须学会自我调节情绪的方法和技巧。

情绪，需要理智的调节

众所周知，青少年正处于生理迅速发展的重要时期，而其心理发展相对滞后，这种身心发展的不平衡是产生各种心理冲突的根源，而这些冲突又往往是青少年情绪问题产生的主要原因之一。心理学研究也表明，情绪的产生主要取决于外部环境、自身的生理变化及其自身对事物的认知状况。由于青少年的心理还不够成熟，因此当他们面临一些冲击时，不可避免地会产生某些不良的情绪，如紧张、焦虑、抑郁等。这些不良情绪对人的身心伤害很大，青少年应该认识消极情绪，消除不良情绪，这将有助于自己的健康成长。

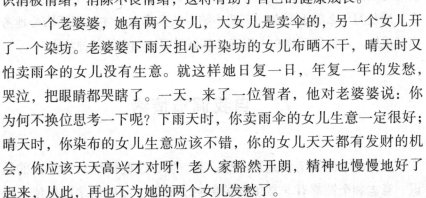

一个老婆婆，她有两个女儿，大女儿是卖伞的，另一个女儿开了一个染坊。老婆婆下雨天担心开染坊的女儿布晒不干，晴天时又怕卖雨伞的女儿没有生意。就这样她日复一日，年复一年的发愁，哭泣，把眼睛都哭瞎了。一天，来了一位智者，他对老婆婆说：你为何不换位思考一下呢？下雨天时，你卖雨伞的女儿生意一定很好；晴天时，你染布的女儿生意应该不错，你的女儿天天都有发财的机会，你应该天天高兴才对呀！老人家豁然开朗，精神也慢慢地好了起来，从此，再也不为她的两个女儿发愁了。

这个故事告诉大家，情绪、情感是可以把握和控制的，只要我们能够走出固有的守旧的思维模式，从另一方面来看待问题，就一定能保持良好的情绪，改善不良的情绪，拥有健康的自我。青少年正处于青春期，情绪更是丰富多彩，但由于他们往往不懂得如何运用和操控情绪，总是使好情绪离自己远去，坏情绪却如洪水般如影随行。时间一长，生活和学习势必会受到不良的影响，对身体也没有半点好处。所以，情绪需要疏导，需要用理智对其进行调节。

自我调节情绪，人生处处是风景

有关心理学家说：正常的情绪反应有助于提高青少年的行为适应能力，同时还具有保健功能；而那些不良的情绪反应会妨碍青少年的身心健康，并导致不良反应。因此，青少年对自己的情绪进行自我调节，以保持良好的心情和情绪状态是很有必要的。所以，青少年必须正确的认识消极情绪给健康带来的危害，然后，找一些适合自己的方法克服消极情绪，并提高自身的情绪调控能力，以一个乐观的心态面对学习和生活中遇到的各种挫折，让快乐的阳光笼罩心灵。那么青少年应如何调节自己的情绪呢？

1. 青少年要不断地改变自我

青少年有许多美好的愿望。在他们的面前有许多增长自身能力的机会。然而，他们在享受稳定、幸福的生活时，总觉得郁闷、无趣、无精打采，这种情况下，如果能主动适当的对稳定的生活做些小的变动，就会有意想不到的新鲜感。例如：把你的卧室稍微调整一下，挂一些你比较喜欢的装饰画，或者到外面交个新朋友，换一新的爱好，你就会有与众不同的感觉。

2. 学会自我控制

自我控制是青少年在成长过程中最重要的个性品质，是衡量自身心理成熟的重要标志。所以，青少年要有坚强的意志，才能很好的控制自己情绪，并克服不良情绪的影响。然而，自身情绪的波动直接影响着你对周围环境关系的观察，这一点是对自身适应能力的评价，也是对自身弱点的关注。因此，青少年在平时要注意培养自己的克制力，根据自身的实际情况采取一些切实可行的方法来克制自己的情绪，并积极地采取措施进行疏导，根据自身的情况去适应生存的环境。

3. 享受生活中的乐趣

一般健康的兴趣会给人带来快乐。有关专家表明，人一般在无聊的时候最容易感到烦恼和不快乐了，而那些忙碌的人往往是生活地充实而快乐。所以，有兴趣爱好的青少年，在吸取知识的同时也满足了自己的好奇心和求知欲望。有些青少年爱钻研难题，因为他们一旦征服了困难，在心中就会产生满足感；而有些青少年爱看课外读物，如书刊、杂志、青年文摘等，这些广泛的阅读使他们获得广博的知识，为此他们得到了老师和同学们的赞赏和尊重。对于青少年时期的学生来说，发展一些自己喜欢的兴趣，能使自己获取更多知识，在生活中过得更充实快乐。

4. 神奇的音乐魅力

音乐是生活中的一门艺术，是一种另类的情绪情感的表现方式，那些不同的曲调和节奏可以使人们产生不同的情绪体验。在抒情优美的音乐中，会觉得精神振奋，情绪饱满，信心倍增。因此，音乐治疗情绪法是最受青少年欢迎的，因为它具有良好的情绪调节功能。

5. 学会自我欣赏和安慰

没有一种惩罚比自我责备、自我懊悔更为痛苦。青少年要知道在这个世界上没有十全十美的人，但是，每个人都有特长和优点。对于往事耿耿于怀是毫无意义的，因为任何人都没有能力改变过去，重要的是吸取失败的教训。有句话说好：如果你已经错过太阳，就不要再错过星星。如果你遇到了困难和挫折，那么，你不要灰心丧气，你应该欣赏自己的能力，或许你的各方面都并不出众，但是，你的善良、勤奋和认真会让你在心理上找到平衡。你完全有理由欣赏一下生活中真实的你，而且，你会从中找到快乐和满足。

6. 学会合理的自我发泄

情绪上的不愉快如果长期闷在心里，就会影响脑的功能或引起身心疾病，青少年消除不良情绪，最好的方法就是"宣泄"。情绪上的问题只要你把它发泄出来，心情就会舒畅、愉快。青少年要切忌把不良情绪埋藏在心里，"隐藏的忧伤如熄火之炉，能使心烧成灰烬"。如果怒气能适当地发泄出来，那么，紧张的情绪就可得到缓解，心情也会雨过天晴，雾消去散。

7. 做一个幽默大师，幽默与欢笑是情绪的最佳调节剂

青少年你们要学会保持幽默的态度，即使是在不利的环境中也依然要保持快乐的心境，因为它是给极度恶劣的情绪产生一个缓冲的过程。幽默是智慧和乐观精神的结晶，它不仅可以使人快乐，还会使人发笑，更重要的是可以驱散心中的积郁，让人以平和的心态来面对生活。所以，青少年要培养自己的幽默感，这样就会拥有更多的智慧，从而摆脱不良情绪所带来的尴尬、愤怒和烦恼。

8. 揭露大自然的奥秘

大自然的山清水秀常能震撼人的心灵，所以，当你情绪不佳时，可以去登山、看海或者走进森林，此时你就会感到心胸开阔、有超脱之感，这些奇妙的感觉都是培养良好情绪的诱导剂。

生命的意义在于过程而不是终点，追求内心的快乐和幸福也是如此。在人生的旅途上，每个人都可能碰到坎坷，遭遇失败，但是，如果你懂得保持和培养良好的情绪，就会少些忧愁与烦恼，多些开心和快乐。

14. 我自信，我成功

自信是人生最珍贵的品质之一，是获致人生成功和幸福的最为重要的一种心态。

美国著名的成功学奠基人和励志导师罗杰·马尔腾说："你成就

的大小，往往不会超出你的信心的大小。不热烈地坚强地希求成功、期待成功，而能取得成功的，天下绝无此理。成功的先决条件就是自信——缺乏自信，就会大大减弱自己的生命力。"

自信亦称自信心，是一个人相信自己的能力的心理状态，即相信自己有能力实现自己既定目标的心理倾向。自信是建立在对自己正确认知基础上的，对自己实力的正确估计和积极肯定，是自我意识的重要成分，是心理健康的一种表现，是学习、事业成功的有利心理条件。

肯定自我，建立自信

对于任何自卑者来说，最为缺乏的是一种内在的自我价值感。自卑是个体感受到自我价值被贬低或否定的内心体验。这种贬低或否定可能来自于当事人自己，也可能来自于外界的评价，但更多的时候是两者兼而有之。

自卑的反义词并不是自尊而是自信。自卑者往往有着超出常人几倍的自尊需求，只不过他们的自尊心缺乏一个稳定的内核和坚固的外壳，因此一点点小事就可能使其受到巨大的伤害。可见，对于自卑者需要的是调整对自我的认识角度，更需要的是通过不断地发展自我建立一种独特的人生优势。

有的人往往带有自卑劣等感，他们总是觉得自己在说话方面低人一等。这样，他们对任何事情也不想积极去做，总说自己没有自信，等有了信心再去做，结果他们总是一事无成。

由此，培养自信心，就不要依赖别人的赞许。当你认识到自身的价值，当你决定选择一种行为，别人反对，也不要感到沮丧。因为那是一种自然现象，别人也不是啥都看得远、懂得多。

自信是一缕和煦的春风，是一丝动人的微笑，是一片明朗的天空。自信让我们变得干练、成熟，自信使我们的脚步变得坚实稳健。一个不屈不挠的人，自信在心中必坚韧地站立着，站成精神上的钢浇铁铸的脊梁，站成一幅永不凋谢的风景。

自信产生于努力之中。有人认为做事情只有有了自信之后才能去行动，这就好比人学会了游泳之后再下水游泳一样，是非常荒谬的。当我们徘徊于做与不做之间时，就应该在没有自信的情况下，大胆去做。

伊索寓言有一个故事：父子二人赶驴到集市去，途中听人说："看那两个傻瓜，他们本可以舒舒服服地骑驴，却自己走路。"于是老头让儿子骑驴，自己走路。又遇到一些人说："这儿子不孝，让老子走路他骑驴。"当老头骑上驴让儿子牵着走时，又遇到人说："这老头身体也不错呀？让儿子在下面累着。"老头子只好让两人一起骑驴，没想到又碰到人，有人说："看看两个懒骨头，把可怜的驴快压爬下了。"老头子与儿子只好选择抬着驴走的方法了，没想到过桥时，驴一挣扎，坠落河中淹死了。

按照马斯洛的需要层次论的观点，人都希望得到他人的认可与尊重，期望获得荣誉，因为这些可以令人精神上受到鼓舞。但是，人在奋斗过程中，真正有作为的事不是跟在别人后面亦步亦趋，而是需要创新。理解是具有滞后性的，如果不培养自我赞许的意识，就无法自我肯定，就坚定不了决心和信心，失败就随时"恭候"着你。

自信仿佛是人生坐标系上的原点，处境极其微妙，前进抑或后退，就在一念之间。具备自信就是具备了开拓进取的基础和条件，因为有了自信，就有了创造精神和创新意识。十分成功中有五分属于自信。成功是船，自信是帆；成功是高山，自信是登山的小阶；成功是远方的路标，自信是脚下的跋涉。

自信是愚公移山的信念，是精卫填海的毅力，是夸父追日的追求。自信不是神话，但神话中的愚公、精卫却树起了一杆自信旗帜，飘扬在历史的岁月中，让代代传诵自信的力量。

　　人们对自己根本不能做的事情是不会彷徨的。如果人们在做与不做之间徘徊不前，就说明这件事，只要通过自己努力就有可能成功。对这种事情，我们应该有只要努力就能成功的自信，也应该有冒险一试的精神。许多人陷入内心的桎梏之中，三思再三思，但却不去行动。然而只有通过实际行动，思想才能得到解放增强自信。

　　自信是成功的第一秘诀

　　自信是成功的第一秘诀——爱默生。成就事业就要有自信，有了自信才能产生勇气、力量和毅力。具备了这些，困难才有可能被战胜，目标才可能达到。但是自信决非自负，更非痴妄，自信建筑在充实和自强不息的基础之上才有意义。

　　《成功的脊梁是自信》——阿瑟夫

　　阿瑟夫把全部财产投放在了小型制造业上，可正当事业如火如荼地发展的时候，第二次世界大战爆发，金钱丧失、企业破产，妻女也离阿瑟夫远去，他由百万富豪一夜之间沦为一文不名的流浪汉。绝望中，阿瑟夫无意中看到一本名叫《自信心》的书。这本书给他带来了勇气和希望，阿瑟夫决定找写这本书的作家，寻求东山再起的良方。

　　"我很同情你的境遇。可是，我却没有办法帮助你！"作家无可奈何地摊摊双手，"不过，我可以介绍你去见一个人，他完全有能力帮助你重新站立起来。"

　　作家把阿瑟夫领到一面硕大的穿衣镜前，说道："我介绍的就是这个人。在整个世界上，只有他能够帮助你。不过，你首先必须彻底认识这个人。这是因为，在你对这个人未作充分认识之前，对于你自己和这个世界而言，你都将是个没有任何价值的废物。"

　　三年后，一本名叫《成功的脊梁是自信》的自传体小书在市面上三次再版，一路俏销，这本书的作者就是阿瑟夫。经过三年打拼，他已经拥有了一家资产逾亿美元的制造公司。

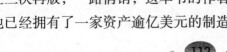

阿瑟夫在这本书中深有感触地写道：自信心，是一个人顽强生存、事业成功的脊梁。如果一个人连自己也瞧不起，连自信心也丧失殆尽，那就等于自己给自己判了死刑。

自信不是潇洒的外表，但它会带给你外表的潇洒。它是需要长期坚持的一种生活习惯，它会让你认识自己所扮演的人生角色，自己在哪方面有足够的能力，还有哪方面需要再发掘自己的潜能，这样你就能精神饱满地迎接每一天升起的太阳。

自信不是财富，但它会带给你财富。拥有并保持十分的自信，你就拥有发言权，就会得到升迁的机会，就会拥有自己的办公室，就会承担新的更具挑战性的工作，你得到的成功机会也就更大。

在困境中绽放自信的花朵

世界上有一些虽身处逆境，但充满自信，自强不息，奋斗向上，最终获得辉煌成就的人。古希腊著名演说家德摩斯梯尼，原先患有口吃病，幼年结巴，语音微弱，演说时常被人喝倒彩。他始终对自己信心百倍，为了克服疾病，每天清晨口含小石子，呼喊练习，终于成为妙语连珠，辩驳纵横的演说家。

德国著名天文学家开普勒。4 岁时出天花，留下一脸麻的后遗症，后又患猩红热，高烧坏了眼睛，成了高度近视。他终身受疾病折磨。但他从未失去自信，在贫病交加中大无畏斗志昂扬几十年。提出了行星运动三定律，为牛顿发现万有引力打下基础。重要著作有《宇宙的神秘》，《哥白尼天文学概要》，《宇宙和谐论》等。

美国著名的女作家海伦·克拉，幼年因病造成又聋又瞎。她自信自强，14 岁攻克多种外语，通晓德、法、古罗马、希腊文学。20岁考入著名的哈佛大学。后来成为著名作家。

在逆境中不自卑，面对困难充满自信，古今中外屡见不鲜：张海迪幼年因病高位截瘫，她自信努力，成为作家翻译家；屈原被流放写成《离骚》；孙子受膑刑后著《孙膑兵法》；司马迁遭宫刑写

《史记》；贝多芬耳聋后谱出《英雄交响曲》；奥斯特洛夫斯基在失明瘫痪中写出《钢铁是怎样炼成的》。

成功是种自我选择的结果。在别人的眼里的成功者自杀了，而别人眼中的失败者却认为自己是世界上最快乐的人。生活中这样的例子你我都见了不少。可见，成功可能是财富、地位或健康、快乐等。同一个人在不同的时间中对成功的态度是不同的。因为成功是我们态度选择的结果。

这就像是一个自助餐厅，你要吃什么，怎么吃全在于你的态度，你可以选择自己不动手，其结果你就饿肚子。你也可以选择勤快，拣一些好吃的来，结果你就会快乐的享受食物。

成功有时只是比别人好一点点。当我们想到成功时，总会认为要做得更好，要远远超过别人才算。

15. 做一个积极乐观的人

桌子上放着一只杯子。有一半的水，刚下了体育课的孩子们走进教室，看到了有些人就会说："怎么只有半杯水了，真倒霉！"而有些人还会这样说："还有半杯水呢，真不错！"这两种截然不同的声音响起。前一种人我们称之为悲观，后一种我们则称之为乐观。

乐观积极点亮人生

积极乐观的人就像太阳，照到哪里哪里亮。走到哪里哪里就会很温暖，无论走到哪里都给别人带来希望、带来快乐！生活不是没有阳光，是因为你总低着头；不是没有绿洲，是因为你心中一片沙漠。永远的积极心态，就会拥有永恒的快乐！所以我们每一个人应该用一个积极乐观的心态去面对生活中的每一件事，并且要勇于挑战自我。健康是每一个人的梦想，对于我们来说健康的定义就是："用一个积极乐观的心态去面对生活中的每一件事并且要勇于挑战自我。"

青少年从小就应该培养这种乐观积极的心态，因为这对青少年成长是很重要的。有一天某个农夫的一头驴子，不小心掉进一口枯井时，农夫绞尽脑汁想办法救出驴子，但几个小时过去了，驴子还在井里痛苦地哀嚎着。最后，这位农夫打算放弃，他想这头驴子年纪大不中用了，不值得大费力气去把它救出来，不过无论如何，这口井还是得填起来。于是农夫便请来左邻右舍帮忙一起将井中的驴子埋了，以免除它的痛苦。农夫的邻居们人手一把铲子，开始将泥土铲进枯井中，当这头驴子了解到自己的处境时，刚开始哭得很凄惨。但出人意料的是，一会儿之后这头驴子就安静下来了。农夫好奇地探头往井底一看，出现在眼前的景象令他大吃一惊：当铲进井里的泥土落在驴子的背部时，驴子的反应令人称奇——它将泥土抖落在一旁，然后站到铲进的泥土堆上面！就这样，驴子将大家铲到它身上的泥土全部抖落在井底，然后再站上去。很快地，这只驴子便得意地上升到井口。然后在惊讶的目光中快步地跑开了！

从这个故事中，我们可以看出，在人的一生中，就会发生像驴子的情况，在生命的旅程中，有时候我们难免会陷入"枯井"里，会被各式各样的"泥沙"倾倒在我们身上，而想要从这些"枯井"脱困的秘诀就是：将身上的"泥沙"抖落掉，然后站到上面去。所以我们更应该像驴子那样保持积极乐观的心态，因为生活本来就充满了风险和挑战，所以对于青少年来说必须明白，不是每件事情都会有好的结局，痛苦、失败在所难免，你没有必要认为自己总会痛苦、失败，因为你大部分时候，好的方面会比坏的方面多。所以当你用积极的心态去面对的时候，你会发现，会有另外一种情况展现在自己的面前。

那头驴在面对枯井，就是因为它在困境、挫折面前转变了观念，用积极乐观的心态面对它，从而平静下来，并采取了自救的方法。设想，如果驴子不转变观念，只哀鸣求助或者一味地抱怨，最后只能是坐以待毙。因此我们在困难面前，以乐观的心态去分析问题，才是最明智的选择。所以青少年更应该向驴子学习，一头驴尚能如此积极乐观，何况我们是一个完完整整的人呢！

俗语说得好："世界向微笑的人敞开"，"巴掌不打笑面人"。任何人都不会拒绝快乐，而乐观是快乐的根本。乐观的人收获的是果实，留下的是财富；悲观的人收获的是空白，留下的是痛苦。

曾经有这么一个小故事：有一位爱哭的老婆婆，因为她有两个女儿，大女儿嫁给了卖鞋的，二女儿嫁给了卖伞的，她每天都为两个女儿操心不已，所以她几乎每天都以泪洗面。

而这是因为什么呢？原来当天气晴朗时，她担心卖伞的二女儿生意不好，就难过的掉泪；当天气下雨时，她又担心卖鞋的大女儿鞋子卖不出去。于是，不管天晴还是下雨她都伤心，因此大家就称她为"哭婆婆"。

有一天，来了一个禅师问哭婆："你为什么每天哭呢？"

"哭婆"解释说她几乎每天都很痛苦，这一辈子为了两个女儿操了一辈子心，因为总是害怕她们过不上好日子。

禅师说："你应该高兴才对啊！"

"哭婆"大惑不解地问道："为什么？"

禅师说："因为当天晴时，大女儿的鞋子卖的好，当下雨时二女儿的伞会有生意；不管天晴天阴，两个女儿都有钱挣，这样不是很令人高兴吗？"

老婆婆听了这番话顿有醒悟，从此以后，每天都笑嘻嘻的，"哭婆"变成了"笑婆"了。

著名教育家魏书生在《心灵的摄像机对准啥》一文中说："我

们的心灵像摄像机，眼睛便是摄像机的镜头。面对社会，面对生活，我们拍下什么录像片在自己的心上，全由自己说了算。""一个人，从早到晚睁着两只眼睛，总是看阴暗面，总看垃圾、脏水、苍蝇、打架、斗殴、懈怠、违法乱纪。久而久之，他心灵的录像带，左一盘右一盘全是这些假恶丑脏的东西，于是他牢骚满腹，他愤懑，他觉得天昏地暗，自己的内心也没有光明。"

工作生活中，没有人愿意和一个消极、悲观的人相处，当自己显得不合群或被冷落时，必须以健康、快乐的一面去面对别人，才可能加以改善。像"哭婆"一样，当她的心态转变了，就成为一个快乐的人了，我们很年轻，为什么不能笑对人生，做一个积极乐观进取的人呢？

对于青少年来说，世界上有千千万万的人和事物，每个人与每种事物或许都有美与丑两个方面，用积极的心态更多地注重人和事物的美好一面可能会感到幸福，而用过分苛刻的眼光只注意人和事物丑的一面自然会感到不幸。让我们换一种观点、换一种眼光、换一种心态看待现实中不完美的人和事物吧！做一个拥有积极心态乐观向上的人，这样就会少一些抱怨、少一些痛苦，多几分洒脱、多几分幸福……

积极乐观成就人生

当你放迪斯科的时候，身边的人会随你跳舞；当你放哀乐的时候，身边的人只会随你流泪。我们作为个体的人，可以是团火，去点燃身边的柴；也会是块冰，能冷却身边的碳。正如大海可以成为人们的丰富宝藏，也可以成为人们的葬身之处；丛林可以是土族人的乐园，也可以是陌生人的坟墓。是财富还是陷阱，全由我们每个人的心态决定。

不管别人怎么说，每件事都只看它的光明面。要有信心，不管是对你、对其他人，或者是整个世界，每件事最后都会好转的。不要让这个信念动摇，把你坚定不移的信心表现出来。如果别人说你实在是过度乐观，告诉他们，要过度乐观是不可能的，每一个经验——即使是最不愉快的一个——也带有一些满足的种子。

青少年正处于人生的成长阶段，这种积极心态的培养就很重要，对于青少年来说，这是迈向成功的基石。一位外国大提琴家的童年故事就是一个绝好的例证。有一天，他拖着比自己身体还高的大提琴，在走廊里迈着轻快的步伐，心情显然好极了。一位长者问到："孩子，你这么高兴，是不是刚拉完大提琴？"他的脚步并没有停下，"不，我正要去拉。"这个 7 岁的孩子懂得一个许多大人不懂的道理：音乐是一种愉快的享受，而不是我们不得不做的、必须忍受的工作。后来他就成为了一个非常著名的大提琴家。

所以不论何时何地，做为青少年，我们都应该端正自己对生活、工作与学习的态度，凡事采取积极的思维，积极的语言，积极的行动。哪怕是一瞬积极的微笑，一个积极的手势，或者一次积极的暗示，都会有助于我们形成积极乐观的心态。我们应该学会热情地生活，愉快地工作，轻松地学习，以乐观旷达的胸怀，真诚地为他人服务，为他人送去幸福。因为当我们把幸福带给他人的时候，幸福也就悄然降临我们的身边。

爱迪生是我们每个人心目中伟大的人，而大发明家爱迪生在做实验的时候，工厂曾经失火，他近百万美元的设备化为乌有。六十七岁的爱迪生闻讯赶到火灾现场，员工们认为面对废墟一片，他一定会暴怒至极。但爱迪生的表现非常镇静，甚至还笑着说："这场大火烧得好哇，我们所有的错误都烧光了，现在可以重新开始了。"他的话说明了一个道理：一件事情的好坏，取决于当事人对它的态度。意志坚强的乐观者面对诸多问题，总是抱着仍有可为的态度，遭遇变故会变得更加坚强。正如爱迪生的一句名言："我的成功乃是从一路失败中取得的。"

是的，事物永远是阴阳同存，好坏并进；事物发展的轨迹总是波浪前进，螺旋上升。对于生活中的阴暗面，青少年是生长在七八点钟的太阳，如果我们没有能力抑制、消灭时，我们还是不看为好，何必让那些苍蝇臭虫一样的人或事弄得自己恶心与不愉快呢？昨天他会成为过去完成式，而我们青少年也正在努力的却改变。

在现实生活中，我们要学会不断调节自己的视角，不要老是让自己觉得失败；不要由于没有成功就责备这个世界不够完美。其实，我们更应该像爱迪生那样，成功是从失败中走过来的，保持一个积极乐观的心态比什么都重要，因为这才是正确的人生观。

作为青少年，如果你觉得悲观情绪左右着你的判断，你开始觉得对未来失去信息的时候，不要忘了提醒自己时间正在一分一秒流逝。悲观本质上是不切实际的，因为它让你在还没有发生，并且也不一定会发生的事情上浪费了时间，它阻碍了你完成应该完成的事情。有人说；生活就是一面镜子，你对它哭它亦哭，你对它笑它亦笑。快乐是一天，不快乐也是一天，为什么不乐观、快乐地度过每一天呢？

对于青少年来说，乐观是我们追求的一种态度，积极乐观的人生态度，有时候比什么都重要。在乐观中撷取一份坦然，你的面前就会盎然多彩，在悲观中摘下一片沉郁的叶子，只能瓦解你积攒的力量。乐观态度能使一个人用生命去谱写着对事业的热爱，抱着乐观的态度去面对生活，面对一切，会让你快乐、幸福。乐观、积极、向上的人生，是我们每个人所向往和追求的，只有充满丰富内在而乐观的人才是幸福的。

16. 学会坚强意志

坚强是一个人一生中必不可少的精神支柱。学会坚强，你会在这激烈竞争的世界中站得更稳。学会坚强，你才能从困难和挫折的废墟中解脱出来。学会坚强，你才能在痛苦绝望时增添生活的勇气和经验。

大卫说："受苦与我有益。"现在大多数青少年都是独生子女，在家娇生惯养。加上现代素质教育的改革，很多父母都一心追求高分数，为了让自己的子女考上一所好大学，所有的家务父母都代劳，甚至连子女力所能及的事情也全部包办，这些现象严重地损害了你们的独立自主的能力。这种衣来伸手、饭来张口的生活使你们在生活中缺乏自主和坚定的信念。在学校，由于升学的压力及学校的管理制度过多过严，使你缺少自我教育及动手实践的机会。有很多青少年朋友的心理很脆弱，经不起一点挫折和打击，承受能力偏差，没有坚强的意志。如果你们到了新的学习环境中就难以适应新的生活，面对新的人际关系和环境感到陌生和害怕，最终导致中途退学的现象。因此，你要学会坚强，这在生活中是非常重要的。因为，苦难是人生的最大的财富，不幸和挫折可能会使人沉沦，也可能造就一个人坚强的意志，并成就一个人的辉煌人生。

弥补缺陷，锻炼坚强的意志

苦难是人生的一位良师，那些艰难困苦是磨练你们人格的最高境界。就像古人说的："天将降大任于斯人也，必先苦其心志，劳其筋骨，饿其体肤，空乏其身。"现代的青少年朋友都是生活在一个富有的年代，优越的生活使你们不知道什么是贫穷和艰难。父母过分的溺爱使你们在困难面前束手无策。你要学会弥补自己的缺陷，用积极的心态面对问题，形成坚强的意志，勇敢地与困难作斗争。

我国著名的生物学家童第周，出生在浙江省的一个偏僻的小山村里。由于从小他的家境贫困，上不起学，所以，他一直跟着父亲学习文化知识，直到17岁那年进入学校的大门。

在上中学时，由于他自身的基础差，因此，学习十分吃力，第一次考试时他的平均成绩才 50 分。由于他的成绩较差，学校要求其退学或留级。然而，他诚恳地向校长再三请求，最后校长同意他再跟班试读一学期，如果成绩还是那么差就自动退学。

此后，他开始为这来之不易的机会奋力学习。于是，他常常与路灯相伴，五更时他就起来在路灯下读书。有时，晚上寝室熄灯后，他就到路灯下复习功课。终于，"功夫不负有心人"，在期末考试时，他的平均成绩达到 75 分，数学还得了 100 分。为此，他被批准继续上学。

后来，他凭着自己坚强的意志，刻苦钻研，勤奋好学，并取得了卓越的成就。

从童第周的例子可以看出来，具有坚强的意志对一个人来说是多么的重要。如果童第周没有坚强的意志，他就会被迫退学。所以，对于现代青少年来说，坚强的意志在个人成长过程中具有相当重要的作用。

青少年朋友们，在成长的道路上需要克服许多困难，抵制许多诱惑，放弃许多享受，做到这些都需要坚强意志的支撑。因为，坚强的意志和一个人受到的磨难是分不开的。所以，你只有经受住生活的考验和磨砺，才能拥有坚强的意志和顽强的毅力，才会在困难和挫折中表现得镇静自若，永不退缩。克服困难的过程就是意志活动的过程，因此，坚强的意志就是在不断克服困难的过程中锻炼出来的。

坚强面对生活，快乐自己

每个人都可以让自己快乐起来，但这是一个过程，你们可以接受在这个过程中的任何变化和退缩，但是，你们最终还是要学会坚强面对一切挫折与困难，让自己快乐起来，让自己真正活得有价值。

青少年朋友们，你学会坚强可从以下方面做起：

1. 做到持之以恒。要学会坚强就先要学会摆脱世俗的困扰。从小事做起，持之以恒，在一定的条件下，要正确取舍，认真做事，才能不负少年心。

2. 认真地面对失败。爱迪生曾经说过："失败是我需要的，它和成功一样有贵重的价值。"青少年要拥有坚强的意志，在享受成功的同时也要品尝失败的滋味。因为在人生道路上不可能一切都是一帆风顺的，总会有许多的坎坷和困难。只有你认真地面对失败，才能具备坚强的意志力，才能克服前进道路上的种种困难。

3. 善于克制自己。你要自己坚持培养自身的坚强意志，还需要学会善于管理自己的情绪。为自己日常行为做个全面的计划，然后，根据计划来管理或约束自的不良行为，从而达到培养坚强意志的目的。

4. 在艰苦的环境中锻炼自己。著名的思想家卢梭曾说："如果人害怕痛苦，害怕疾病，害怕不测的事情，害怕生命的危险，那么，他就会什么也不能忍受的。"一个人的道德意志与品格是完全一致的，道德意志越强大，品格的形成就越快。因此，坚强的意志是与克服困难相联系的。艰难、困苦和不幸是你们生活中真正的磨刀石，它是你们的力量、纪律和美德的最好源泉。所以，青少年朋友们，你们可以在艰苦的环境中锻炼自己，让自己学会坚强，克服困难，走向成功。

学会坚强就应该炼就能承重的心灵，让它变得恬淡自然，"不以物喜，不以己悲"，永远保持一份快乐的心态，把生活中的所有困难都看成是一种历练。风雨愈加猛烈，个性就愈加坚强。调节好心态，坚强才是真实的；学会了隐忍，坚强才是有力的。相信经过了生活的磨砺，坚强会如影相随。

17. 做到热忱生活

热忱是一种发自内心的兴奋，深入人内心的热情精神。热忱可以借由分享和复制，而不影响原有的程度。它是一项分给别人之后反而会增加的资产。你付出的越多，得到的也会越多。生命中最大的奖励并不是来自财富的积累，而是由热忱带来的精神上的满足。

成功的人和失败的人在技术、能力和智慧上的差别并不会很大，但如果两个人各方面都差不多，拥有热忱的人将会拥有更多如愿以偿的机会。一个人能力不够，但是如果具有热忱，往往一定会胜过能力比自己强却缺乏热忱的人。

热忱——成功的底蕴

热忱是一切成功的底蕴，也是一切企业家追求物质幸福必备的核心精神。没有热忱，不论你有什么能力，都发挥不出来。人类最伟大的领袖就是那些知道怎样鼓舞他的追随者并发挥热忱的人。热忱也是推销才能中最重要的因素。热忱可以改变一个人对他人、工作以及对全世界的态度，热忱可以使得一个人更加喜爱人生。爱迪生曾讲过："一个人死去的时候，若能把热忱传给子女，他便等于留给他们无价的资产。"

曹南薇 *17* 岁时，正是知识青年上山下乡的高潮时期。这一年，她患小儿麻痹，按政策不下乡，但是留城也找不到工作，那时还没有个体户。她没有父亲，和母亲相依为命。一天，曹南薇在报纸上看到关于"高能物理"的报道，*17* 岁的她竟然心潮起伏，她把报纸剪下来，日思夜想。她想，高能物理这么重要，我能不能做点什么？就这样，她不经意地定下了自己的目标，并开始为这个目标而奋斗。

123

她把自己关在家里，一年又一年的学习初中、高中、大学、专业课程。十年后，到 1978 年，她 27 岁时，她的论文在国家级刊物上发表，引起了很大震动。随即，国家高能物理研究所接纳了她，让她的理想找到了更加广阔的天地。

在社会中，有多少像她这样的人，因为没有热忱和目标，别说到 27 岁、37 岁，甚至一辈子都可能一事无成。

由此可知，热忱，使你们的决心更坚定；热忱，使你们的意志更坚强；热忱，是生活的源泉；热忱，是艺术的父亲；热忱，是伟大的母亲；热忱，是一种积极向上的力量，它促使你们立刻行动，排除万难，直到成功。

因此，青少年作为祖国的未来，作为世界瞩目的一代，要时时刻刻让自己的内心世界充满热忱，让热忱燃烧自己，带领自己走向成功的巅峰。

拥有足够的热忱拼搏努力

你在学习或做人方面要有足够的热忱，否则，将会被社会淘汰。那么你应如何拥有热忱呢？

1. 定一个明确目标

目标就是计划，给自己的人生确定一个你希望达到的场景，就是给自己一个活着目的。一个活着的人只有知道自己想干什么，干什么样，人生才有意义，才会有冲劲，才会有热情，才会有干劲，也才会成功，而这个成功的过程就叫做热忱。

2. 为目的而努力拼搏

一个人有了目标，有了人生方向，还需要行动。不要空想，在你的脑海里即使你想到了千里之外，在现实生活中没有行动，最终的结果，只能是失败，也不可能会有热忱。因此，作为一个要想有所作为的青少年，要清楚地写下你的目标、达到目标的计划，以及为了达到目标你愿意做的，最重要的是马上行动。

3. 正确并且坚定地照着计划去做

行动，是开始做，但还没有成功，甚至只是成功的开始，如果中间你放弃了，那么证明你的内心已经没有了热忱，而你只有正确并且坚定地照着计划去做，才能到达成功，才能为培养自己的热忱加上一分。

4. 不要盲目地制定目标

爱因斯坦有句名言："兴趣是最好的老师。"青少年朋友们，你要善于激发自身的兴趣，并根据你的兴趣尽量搜集有关的资料，来慢慢地培养它，这样你就会逐渐对事物更加热忱。而不要盲目或者因一时兴趣为自己制定目标，那样的结果只能是失败，且把自己好不容易培养起来的热忱毁掉。

5. 目标不要太遥远

遥远的东西，是人能想到，却不一定办到的。青少年，你需要在培养自己热忱品质之初，不要给自己制定太过遥远的目标，而是要脚踏实地，选择实际一点的。

诚实、能干、友善、忠于职守、淳朴——所有这些特征，对准备有所成就的你来说，都是不可缺少的，但是更不可或缺的是热忱——将奋斗、拼搏看作是人生的快乐和荣耀。

18. 学会与人宽容

宽容是中华民族的传统美德，也是现代青少年所必备的道德品质。宽容是人们生活中的快乐之本。宽容是一种仁爱的光芒及无上的福分，是对别人的释怀也是对自己的善待，你的心中只有能容得下多少人，你才能够赢得多少人。所以，多一些宽容，在生命中就会多一份空间和爱心。

　　宽容是藏在内心深处的爱心体谅，是一种智慧和力量。中国有句古话："海纳百川，有容乃大。"宽容不仅是对生命的洞见还是一种文明的胸怀。如果你宽容了别人也就等于宽容了自己，因为，它是一种非凡的气度和宽广的胸怀，它能包容人世间的喜怒哀乐；同时，也创造生命中的美丽和奇迹。所以，宽容是一个人具有涵养的重要表现。在生活中你只有学会宽容，才会明白很多道理，才不会在做人和做事时迷失自我。

拥有宽容之心，尤其重要

　　现在大多数青少年朋友都是独生子女，是家庭中的主导成员。因此，你们在过度溺爱的环境下，逐渐形成以自我为中心，凡事都以自己的利益为目的，其判断是非的标准也是根据自身的利益，你的这种不良表现都是缺乏宽容、同情和尊重的心理。这些过于偏激的思想和行为，都不利于你的身心健康及人际交往，严重地影响了你们健全人格的形成和发展。因此，你要拥有宽容之心是非常重要。

　　杨丽是一个脾气暴躁，容易生气的人，朋友很少，令她时常感到孤独寂寞。有一次做课间操，解散后，她被同班的一个同学踩了一脚，那个同学赶紧向杨丽道歉，他点头、弯腰，连声说："对不起，真的很抱歉。踩疼没有？"还从口袋里拿出一包餐巾纸递给杨丽。可杨丽没有理会他诚恳的道歉，反而说："你眼睛瞎了吗？这么大一个人站在你面前，也要来踩，你脑子有问题吧？真是的。"骂完后，杨丽又瞪了他一眼，便愤愤地准备离去，这时周围的同学都愣住了，踩着她脚的那位同学被骂得满脸通红，杨丽听到有一位同学小声说了句："犯得着这么生气吗？只不过踩了一下脚，并且别人马上赔礼道歉了。没劲，走！"

　　宽容是中国人民的传统美德。古人有训："得饶人处且饶人。""吃亏就是占便宜"、"退一步海阔天空"等等，均是这种精神的体现。

126

你要学会宽容可以赢得更多的朋友，更多的友谊，同时还会让你少一个敌人，固此，宽容是融合人际关系的凝固剂。法国著名的文学大师雨果曾说："世界上最宽阔的是海洋，比海洋宽阔的是天空，比天空更宽阔的是人的胸怀。"宽容不仅是美德，也是一种明智的处世原则。宽容对方就是接纳对方，就是把自己从困惑中解脱出来。宽容是幸福之源。它不仅仅是针对别人而言的，古人云："宽以待人，严以律己。"这足以说明在当今激烈竞争情况下，青少年不仅要学会宽容别人，还要学会宽容自己，用一个平和稳定的心态去迎接生活的挑战。学会宽容是做人的需要，更是成就事业的需要。

如果你具备了宽容的美德，那么生活将会展现给你最美的一面。佛经言："一念境转。"如果你选择了仇恨，那么以后的生活都将会在黑暗中度过；如果你时刻想着如何去报复别人，那么你就会整日愁容未展、心事重重；相反，如果你选择了宽容，放下心中的包袱，给对方一个灿烂的微笑，把阳光洒向大地，阳光也会照在你身上。因此，宽以待人、宽大为怀是中国的古训，也是一种美德，更是协调人际关系的润滑剂。

多一些宽容，多一份温暖

日常生活中，你难免会与别人发生摩擦，如果别人不小心踩到你的脚了，你应该大大方方地说声没关系；如果别人把你的笔弄坏，并诚恳地向你道歉，你应该露出宽容和微笑。在生活中有些事情能忍则忍、当让则让，忍让和宽容不是怯懦胆小的表现，而是一种坚强和智慧，是建立良好人际关系的法宝。

俗话说："忍一时风平浪静，退一步海阔天空。"青少年要想立足于当今社会并取得更好发展，首先就要学会宽容，它不仅能健全自己的人格，还提高自身的思想境界。

1. 容忍别人的缺点

青少年朋友应该明白，人人都有缺点和不足，只要不是特别过分，就应该理解和宽容。在学校和同学相处，要学会包容和忍耐别人的缺点。因为，自己也可能有别人讨厌的缺点，多一点包容也就是多给自己机会与别人好好地相处。世界上没有相同的两个人，每个人和每个人都不一样的，所以要学会容忍。

2. 不要记仇

仇恨可以蒙蔽人的眼睛，仇恨就是人心里长的一个毒瘤，它会随着仇恨的增长而在体内长大，仇恨的人不懂得如何去宽容别人。

3. 从小事做起

大凡成功的大事，都是从细小的事做起；困难的事，其实是由很多容易的事组成的。而宽容的人，始终不会计较名誉、地位，当然做事总愿做小事，总是把有好处的事情让给别人去干。同时，事情做成功了，也不把功劳归自己所有。没有做成功，也不沮丧，而是及时查找原因，逐步完善。所以说，只要你做好每一件小事，你也就学会了宽容。

4. 把复杂的事情简单化

作为青少年朋友，如果与一个性格特别执拗的同学在一起，两个人都不懂得宽容的时候，那么矛盾就会越来越深。其实，这样的朋友也没有别的毛病，只是性格太执拗，要想包容他，你就必须把复杂的问题想得简单一点，否则的话冲突会越来越激烈。

5. 善于理解别人

善于理解别人，以豁达的胸怀原谅别人。他人无意或过失伤害了自己，不予计较和追究。原谅、饶恕他人的错误和过失，哪怕是他人故意刁难自己，只要没有造成严重伤害，对方又表示了歉意，也应原谅、饶恕对方。

在素质教育的年代里，你要清楚地认识到心理健康的重要性。宽容是不受约束的，它就像天上下的细雨那样滋润大地，会带来双重的祝福。因此，在生活中多一些宽容，就会多一份温暖、多一份阳光。

19. 学会诚实做人

"诚者，物之始终。"《周易·乾》中讲："修辞立其诚，所以居业也。"意为君子说话、立论诚实不欺，真诚无妄，才能建功立业。诚信，简而言之，即诚实、守信。"诚"乃指诚实、真诚和忠诚，要求表里如一，不自欺和欺人；"信"就是真实和信守诺言，要求"言而有信"。

我们说诚实是青年人事业的成功之基，其理由是：首先，青年人要想成功必须先成才，一个人在成才的路上，只有诚实，才能获得他人的理解、支持和帮助。诚实给自己创造了良好的外部环境，孤军奋战的人是难以成功的。其次，青年人诚实，才会善待自己，直面人生，全面审视自我，做到既不妄自尊大、自欺欺人，又不妄自菲薄、缺乏自信。只有正视了自己，才能扬长避短，确定正确的奋斗方向，逐步由小的成功走向大的成功。其三，诚实给青年人创造了良好的内在心境。诚信可以使一个人心胸坦荡，仰不愧天，俯不愧地，可以使一个人精神饱满，如沐春风，有创业的冲动，有干一番事业的激情。此外，大家都诚实，就能形成社会的良好环境和良好的世风，从而为建功立业的青年人创造条件，形成一种良性的互动。

诚实是你价格不菲的鞋子，踏遍千山万水，质量也应永恒不变。

诚实是一种成功的品质

从古到今，在人们的心中诚实就是公民道德的一个基本规范，是一个民族生存的灵魂，是一个公民立足的基石，诚实也是一个人迈向成功的阶梯。

乔治·华盛顿从懂事起，就很崇拜英雄人物。他想当军人，父亲告诉他："只有诚实，大家才能团结，团结才能战胜敌人，成为勇敢的军人。"

父亲不光言传，还很注重身教。在父亲农场里，有一颗小樱桃树，那是父亲为纪念华盛顿的诞生而栽种的。小乔治一天天长大，小樱桃树也一年比一年高了。华盛顿一心想长大做一名威武的军人。有一次，他打算做一把小木枪，把自己武装起来。他本想让父亲帮帮忙，可看到父亲成天忙于自己的工作，没有时间，于是决定自己动手。小华盛顿拿起锯子、斧子，找了一棵容易砍倒的小树，把它锯倒了。哪知道这棵树，就是父亲最心爱的那棵樱桃树。这下可闯了大祸。

父亲回来，知道了这件事，大发脾气，质问是谁干的。华盛顿躲在屋子里，非常害怕，他想了想，还是勇敢地出来，走到他父亲面前，带着惭愧的神色说："爸爸，是我干的。""小家伙，你把我喜爱的樱桃树砍倒了，你不知道我会揍你吗？"

华盛顿见父亲气未消，回答说："爸爸，您不是说，要想当一个军人，首先就得有诚实的品质吗？我刚才告诉您的是一个事实呀！我没有撒谎。"

听儿子这么一说，父亲很有感触。他意识到孩子身上的优良品质，要比自己心爱的樱桃树还要珍贵。他一把抱住华盛顿，说："爸爸原谅你，孩子，承认错误是英雄行为，要比一千棵樱桃树还有价值。"

诚实，能驱散人们心中的阴暗；诚实，将使人类有更多更真诚的爱。我们应该大力弘扬诚实的美德，让人们心灵更高尚，让世界变得更美好。

门德尔松是德国作曲家，1829 年，他 20 岁时，第一次出国演奏，一时轰动了英国。英国女皇维多利亚在白金汉宫为门德尔松举行了盛大的招待会。女皇特别欣赏他的《伊塔尔慈》曲，对他说："单凭这一支曲子，就可以证明你是个天才。"门德尔松听了以后，脸红得像紫葡萄一样，局促不安地连忙告诉女皇说，这支曲子不是他作的，而是他妹妹作的。本来，门德尔松是可以将这件事隐瞒过去的，但他在荣誉面前并不想夺人之美，他觉得诚实是一个人应有的品质。

这样的事例很多，但能像门德尔松那样有勇气站出来澄清的却很少。有时，一个人的品格就反映在一句话中。

古往今来，"诚实"便是英雄们惺惺相惜，成就大业的根本。无论儒法，还是老庄，"诚实"总是作为君子最重要的美德出现的。古书上处处写着君王以诚治国，诸侯以诚得士的故事。信陵君正因诚实得到侯君，抗秦救赵，名扬四海。刘皇叔正因诚信打动了诸葛孔明，三分天下，成就霸业。而梁山上，那些英雄好汉，一诺千金，为诚实两肋插刀的豪情，更被写进了才子名著，感动着千百万读书人。诚实是基石，诚实是资源，诚实更是迈向成功的阶梯。

一个诚实的人首先是一个诚实待己的人、一个敢于面对自我真实面目的人。这样的人能全面客观的审视自我，既不妄自尊大、自欺欺人，也不妄自菲薄、自我贬低。俗话说"知己知彼，百战不殆"。对自己的情况了然于心，就已经成功了一半。因为只有那些全面把握自己优点和缺点的人，才能真正了解自我成功的可能性和局限性，既不会因为他人的赞誉或阿谀奉承忘乎所以，也不会因为别人的否定或自己的一次失败就气馁。这样的人往往会在别人惊奇的目光中从小成功走向大成功。这就是诚实所具有的特殊人格力量。

诚实会带给人们好运

有一个战士，非常不擅长越野长跑。所以在一次部队的越野赛中他很快就远远落在伙伴的后面，转过了几道弯，他遇到了一个岔路口，一条路标明的是军官跑的，一条路标明的是士兵跑的。他停顿了一下，虽然他对军官连越野赛都要占便宜感到不满，但是他仍然朝着士兵的小路跑去。没想到半个小时后，他到达终点，成绩是战士组的第一名。他感到很不可思议，但是主持赛跑的军官笑着恭喜他得到了比赛的胜利。过了几个小时，大批的军官和士兵到了。他们跑得筋疲力尽。看见他赢得了胜利，开始都觉得奇怪，但后面大家很快就醒悟过来，原来军官的那条路更远，更难。很多士兵都以为军官的那条路近，反而走了很长的路。这个战士在那个岔路口时选择了自己的路，选择了诚信。这也是他在今后的人生道路上，本着诚信待人而立足于部队之中。他呢，也因为诚信而做到了少将的位置。

可见，诚实最明智，老实人不吃亏。青年人若要成功，就该把创造信誉作为自己生命里最重要的事情，不断地向别人证明你是一个可靠的人，一个值得信赖的人。人们只有相信了你，才会去相信你的观点、思想或产品。

1936 年，美国乔治亚州州长尤金·塔木访问该州监狱逃犯，他在监狱管理人员的陪同下，穿过牢狱走廊时，询问每个犯人："你有罪吗？"他所听见的只是犯人们的断然回答："我没有罪。"但州长走近哈维和史密斯的牢房时，这两个犯人却毫不犹豫地承认自己有罪，应该受到惩罚。接下来的事情是这样的：哈维和史密斯持枪抢劫，本该判 150 年徒刑，却因一句坦白有罪的话得到州长的赦免。州长事后解释了他这么做的原因："一颗诚实的心永远不该与一群谎言家在一起。"

一个诚实的人，不论他有多少缺点，同他接触时，心神会感到清爽。这样的人，一定能找到幸福，在事业上有所成就。这是因为以诚待人，别人也会以诚相见。

诚实才是人生的最高美德，诚实的价值无可估量。美国第一任总统乔治·华盛顿曾就诚实的品格谈了一番意味深长的话："我希望

132

拥有坚强和美德，以保持我那诚实的品格，这种品格我认为是最令人羡慕的头衔。"褒扬和支持诚实行为，并身体力行，是我们最大的利益所在。只有诚实地生活，我们才能够彼此和谐，问心无愧，才能有一个清平祥和的生存环境。

20. 学会谦虚为人

"满招损，谦受益，时乃天道。"意思是说，自满的人会招来损害，谦虚的人会受到益处。它告诉人们骄傲自满有害，谦虚谨慎有益的道理。一个人如果自满了，那么他的智慧便到了尽头，不可能有任何发展；一个人如果能做到谦虚，他的智慧便能不断的发展。

"谦虚使人进步，骄傲使人落后。"毛泽东的这句格言，其意蕴上接古人，言近旨语，当与古训共志之。海纳百川，有容乃大。

谦虚使人进步

厚德载物，有厚则强，海纳百川，有容乃大。一个人的力量总是渺小的，所知道的也总是很有限，这就要求我们要有一颗最谦虚的心，像大海接纳百川一样，虚心地向所有的人学习，这样才能增强我们的知识与技能，才能使我们广结朋友、受人尊敬。

一个人能谦虚，在社会上一定会得到大众广泛的支持与信任，而懂得谦虚，便会知道"日新又新"的重要；不但学问要求进步，做人做事交朋友等等，样样都要求进步。如此所有种种的好处，都从谦虚上得来，所以称为谦德。

古代的贤名之人多是谦虚的，他们并不因为自己有本事而沾沾自喜。他们懂得自满会给自己带来灾难。他们多是默默地等待伯乐的出现，发现他们身上的价值，然后为知己者劳，为知己者死。

姜尚石番溪边垂钓待圣贤，他没有因为自己是昆仑弟子而自夸门第，宣扬自己是多么厉害，而是默默地在石番溪旁直钩垂钓等待周文王。最终为姬氏家族争得殷家天下。

孔老夫子，他是我国古代伟大的教育家，弟子万千，有名的就有72人，他可以被称为是最聪明的人了，他可以自满一下，他也有这个条件，他自满了没有？他没有。他只是说："三人行，必有我师焉。"他的弟子遍天下，他的老师也不少。

还有受世人崇敬的周恩来总理，一生谦虚谨慎，平易近人，身为总理虽日理万机，公务繁忙，但每到一处都要深入群众，了解情况。一次，他到上海考察，与电影演员们会面，在亲切交谈中，有个小同志热情地向他建议，说："总理，您给我们写一本书吧！"可他却回答说："如果我写书，就写我一生中的错误，让活着的人们从过去的错误中吸取教训。"

正是因为他对自己严格要求和谦虚谨慎的态度，为人民作出了巨大的贡献，受到人民的爱戴。不仅生活在"礼仪之邦"的中国人是这样，其他国家的很多名人也如此。

焦耳求知，成就科学

相信学过物理的人都熟知英国著名科学家——焦耳。他从小就很喜爱物理学，他常常自己动手做一些关于电、热之类的实验。

一个假期里的一天，焦耳和哥哥一起到郊外游玩，聪明好学的焦耳就是在玩耍的时候，也没有忘记做他的物理实验。他找了一匹瘸腿的马，由他哥哥牵着，自己悄悄躲在后面，用伏达电池将电流通到马身上，想试一试动物在受到电流刺激后的反应。结果，他想看到的反应出现了，马收到电击后狂跳起来，差一点把哥哥踢伤。

尽管危险已经出现了，但这丝毫没有影响到爱做实验的小焦耳的情绪。他和哥哥又划着船来到群山环绕的湖上，焦耳想在这里试一试回声有多大。他们在火枪里塞满了火药，然后扣动扳机。谁知

"砰"的一声，从枪口里喷出一条长长的火苗，烧光了焦耳的眉毛，还险些把哥哥吓得掉进湖里。

就在这个时候，天空浓云密布，电闪雷鸣，刚想上岸躲雨的焦耳发现，每次闪电过后好一会儿才能听见轰隆的雷声，这是怎么回事？焦耳顾不得躲雨，拉着哥哥爬上一个山头，用怀表认真记录下每次闪电到雷鸣之间相隔的时间。

假期过后，开学了。焦耳几乎是迫不及待地把自己做的实验都告诉了老师，并向老师请教。老师望着勤学好问的焦耳笑了，耐心地为他讲解："光和声的传播速度是不一样的，光速快而声速慢，所以人们总是先见闪电再听到雷声，而实际上闪电雷鸣是同时发生的。"

焦耳这才恍然大悟，从此，他对学习科学知识更加入迷。通过不断地学习和认真地观察计算，他终于发现了热功当量和能量守恒定律，成为一名出色的科学家。

著名的文学家、思想家、革命家鲁迅先生曾经说过："不满足是向上的车轮。"只有谦虚谨慎，不骄傲自大的人才能获得成功，一步一步向人生的顶峰攀登。

谦虚是一种好的品质，我们每个人的骨子里都有，但是他美而不露，他隐藏于心灵的深处，他等待人们去挖掘，去发现。因为他好，所以他不容易被发现，不容易被得到。

别林斯基曾说过："一切真正伟大的东西，都是淳朴而谦逊的。"世上凡是有真才实学的人，凡是真正的伟人俊杰，无一不是虚怀若谷，谦逊谨慎的。谦虚是一种美德，也是一种难能可贵的品质。

骄傲使人落后

谦虚得荣，自满则自毁前程。自满会遭到别人的嫉妒，自然也会遭到别人的陷害。如果一个人骄傲自满，狂妄自大，即使是最亲近他的人，也会厌恶之而远去。古代像孔子、老子这样道德高尚的

135

人，尚怀自满招损的恐惧，那么我们这些普通人更应该时刻铭记古训，克制自己的骄傲、自满之心。魏徵也曾对唐太宗说："自满者，人损之；自谦者，人益之。"

欹器，现在几乎已经很少有人能认识它，在很久以前人们用来汲水用的工具就是它的原形。后来它的一个分支慢慢的也就变成了欹器。他因"虚而欹中而正，满而覆。"而为读书人所钟爱。读书人将他放于桌子的右上角时刻警示自己不能太自满否则将毁于一旦。座右铭"满招损，谦受益"也就是由此而来。

人世间又有几人真能明白这个道理呢？被誉为中国武圣的关羽，智勇双全、义气冲天、堪称一代英豪，但却因骄傲自满，败走麦城，身首异处，实在令人叹惋。

关羽出师北进，俘虏了魏国将军于禁，并将魏国征南将军曹仁围困在樊城。当时镇守陆口的吴国大将是吕蒙，他回到建业，称病要休养，陆逊去看望他，两人谈论军国大事，陆逊说："关羽平时经常欺凌别人，现在节节胜利，又立下大功，就会更加自负自满，又听说您生了病，对我们的防范就有可能要松懈下来。他一心只想讨伐魏国，如果此时我们出其不意地进攻，肯定能打他个措手不及。"吕蒙大为叹服陆逊的见识，就向孙权推荐陆逊代替自己前去陆口镇守。

陆逊一到陆口，马上给关羽写信道："你大败魏军，立下赫赫战功，这是多么了不起的事啊！就是以前晋文公在城濮之战中所立的战功，韩信在灭赵中所用的计策，也无法与将军您相比啊。我刚来这里任职，学识浅薄，经验不足，一直很敬仰您的美名，故恳请您多多指教。"这些吹捧让关羽甚是得意，想当然地认为陆逊不过是无名之辈，不足为惧，对后方吴国也就放心了。

陆逊在稳住关羽后，暗中加快军事部署，待条件具备后，指挥大军，一举攻克蜀中要地南郡，关羽败走麦城，终遭杀害。

还有众所周知的韩信，他先投靠项羽，项羽因看不起他，韩信而没有得到重用，后来他投靠刘邦，因为有张良与萧何的举荐和以性命担保才得以重用。后韩信因取得齐地自恃功高，派人请求汉王封他为"假齐王"。

这件事埋下了刘邦剪除韩信之前因。功成后有要求要封为王，刘邦怕他以后会对自己不利，就以意图谋反的罪名，逮捕了他。韩信在被捕时才明白为什么张良与萧何要在战后要求隐居，他才后悔没有听从萧何的话。他说："狡兔死，走狗烹；高鸟尽，良弓藏；敌国破，谋臣亡。天下已定，我固当死。"

等到了死才知道当初不应该太自满，后悔已晚矣。这个代价似乎太大了。但是我们现代人在知道了后果，而且也有无数的活生生的例子摆在我们的面前，为什么我们不能去好好的想一想呢？

谦虚还可以使我们获得他人的喜爱与信任。人们都喜欢与谦虚的人共事，而不愿与自以为是的人为伍。我们生活中那些自以为什么都懂、动辄就好为人师的人，是很遭人讨厌的。他们摆出一副"万事通"的面孔来，唯恐被别人轻视。他们炫耀的目的无非是要提高自己的地位，可这样做的唯一结果只能是使他们捉襟见肘、遭人厌恶。

"满招损，谦受益"。作为几千年古人留下来的古训，当今依然有它的现实意义。只有谦虚，我们才能增长才干，才能养成优良的美德，才能赢得他人的尊敬；而骄傲自大，只能使我们狂妄无知，遭人讥笑，甚至让我们付出惨痛的代价，遗恨终生。

21. 遇事总要冷静

数千年来，青少年一直是成年人的挑战，对父母而言，即使是温和的年轻人也一样，从准备儿女成长的食品到如何应付青少年日益复杂的问题，仍是父母千古的难题。尤其是青少年阶段，是父母们最担心的，因为这是他们最容易冲动的年龄。

美国知名心理学家戴维·华许博士，曾研究了青少年的冲动，用简易的文字向读者揭露了冲动的后果和原因，告诉青少年们应该怎么去做。根据相关人士调查，青少年因为冲动而造成的不良后果占16%，因冲动而犯罪的占38%，这个惊人的比例让很多父母引起了重视。

青少年，理智对待冲动

青少年所处的时期是个叛逆的、冲动的阶段，脾气容易暴躁，也容易违法违纪。叛逆的性格和冲动的脾气，是这些孩子们走向"罪恶边缘"的"罪魁祸首"，也是老师和父母们所为之担心的。

冲动是魔鬼。这句话很有道理，现在社会上，越来越多的青少年对自己的言行举止开始不重视，对自己做的事情很少想过后果，他们只认为自己做的永远是对的，从没有在脑子里思考过事情的正误性。

镜头1：高二的同学在放学时冲到篮球场，其中有人大声喊道场地已经被占了，但有人不服，一句脏话就这样冲口而出，无端被骂，另外的人当然不甘示弱，也不留情面地回骂脏话。双方都非常恼怒，在吵骂当中，有的人就觉得委屈，心中愤愤不平，进而大打出手，而且聚集了一大班人围观，以致要动用全校的保安来解决纠纷及维持秩序。

镜头2：17岁男孩王明是沈阳市某管理干部学院大专班学生。一天下午，王明和初中同学出去玩时，为几个女孩子买雪糕一起吃，由于同学小强出去回电话，王明忘记给他买了。小强回来后见没有自己的雪糕就开始埋怨，并提出"不玩了，我回家"。王明觉得在女生面前丢了面子，在厮打中用尖刀刺中小强。小强经抢救无效死亡。

王明也因为故意伤害罪被判处重刑，并赔偿小强家属经济损失 2.5 万元。

镜头 3：18 岁李某受雇于某市一家造纸厂，因工资问题与管理人员发生纠纷，一气之下，竟纵火焚烧该厂多间宿舍，造成三万余元经济损失，最终被以放火罪追究刑事责任。

上述三个事例，正说明了青少年冲动所犯下的罪行和后果，这样的事例在社会上还有很多很多，尤其在校园里，因一时冲动而违纪的现象屡见不鲜。因为青少年之间发生争吵，心情都是复杂的，一时很难想到如何去调节，如何去解决，对于他们来说，最直观的方法就是用暴力来解决，以导致这种调节方法很难及时解决心中的不忿。这正是他们不能够理智对待冲动的原因。

因此，学会思考，学会理智对待自己的冲动是很重要的。

比尔·盖茨作为"世界财富之王"，他对自己的青少年生活有着切实的体会和总结。他说："我是一个爱构想自己人生地图的人，即使到现在，我依然觉得那种构想人生的青少年式的冲动，是我成就事业的基石。我觉得，一个人的青少年时期对于人生各方面的理解，就像鼠标一样起到引导性的作用。"

人生总有不顺心的时候，很多人在逆境中沉沦了，自暴自弃了，但是只要相信人生可以自我调整，换个角度重新审视自己的生活，就会出现茅屋变成宫殿的奇迹。

比尔·盖茨虽然作为财富巨人，但对于人生哲理自有智慧的理解。聆听他对成功人生的种种注解，必是一件非常有意义的事情，因为我们可以站在成功者的肩膀上继续登高，至少可以减少我们在实现人生目标时少走一些弯路。

比尔·盖茨说过一句名言：善于少走弯路的人，总是一个用头脑驾驭自己人生每一步的聪明人！

同样处于青少年阶段，都有着冲动的脾气和性格，但是却有着

不同的结果。理智地对待，是用头脑驾驭自己人生的每一步；冲动的做每一件事的，得到的是应有的惩罚。

青少年，遇事需冷静。

每一个人来到世上，都要遇上突如其来的意外事件，几时遭遇难以预料，没有人清楚。在这种情况下，最重要的事情就是要保持清醒的头脑，冷静地思考。对于青少年，除了要理智对待自己的冲动，还要遇事学会思考，学会冷静。

心痛，后悔，急躁，发怒等等，都是可以理解的，每个人都会有情绪，何况对于心智尚未成熟的青少年们。反而会让人失去理智，错失补救的时机。没有这种反映又不现实，关键是要尽量缩短这个反应的时间，尽早理智地分析事件，进行下一步的重要工作。

一本杂志上，有篇《自救》的文章，相信看过的每个人都会懂得"遇事冷静"的重要，更懂得人生的可贵。

一个年仅 20 岁的青年由于家庭贫困辍学，但他有一个妹妹，成绩优异，不上大学实在可惜，于是他来到工地挖隧道，不料第一次走进隧道就岩石塌方……

当时局面难以控制，有人大放悲声，有人想往岩石上撞，近乎疯狂。他也差点控制不住自己，刹那间他想了很多，首先想到了死——但若自己完了，妹妹也会辍学，父母也会悲痛欲绝。他镇静了一下，决定试着控制局面，他努力使自己的声音变得很沉稳："我是新来的工程师，想活命吗？想活命就听我的！"黑暗中，几个人渐渐安静下来。

他又向被困的四个人发号施令。一：被困的四个人必须听他指挥。二：外面肯定在组织救援，但需要时间。三：休息睡觉，因为累死也搬不动那千斤重的大石头。四：隧道里到处都是水，有水就能活十几天。不过他还是隐瞒了两件事情：第一是他进隧道时带了两个馒头，现在已成无价之宝。二是他有一个电子表，可以掌握时间。

第三天过去了，隧道里还是没有一丝光亮，他把其中一个馒头分成四份给大家吃。第五天，终于听见隧道隐约传来钻机风镐的轰鸣。他赶紧把最后一个馒头分成四份给大家吃，然后大声命令四个人拿起工具拼全力往巨石上敲击……

几个劫后余生的人躺在病床上怎么也不敢相信，那个沉稳威严的"工程师"竟然是一个毛头小伙。当记者采访他时，又听见了那句我已听了千万遍的话："因为冷静，在紧要关头，只有冷静救得了你。"

人生做事和处事，总要面对千变万化的境遇，特别是青少年因其自身的身心特点更要学会冷静，只有冷静才能细心而全面正确地观察，才会做出正确的判断等等。冷静，这是学习和处事待人的前提。

青少年正处于心理学上所谓的"逆反期"，这个阶段的心理、行为如果不加以正确引导，会导致青少年对人对事产生多疑、偏执、冷漠、不合群、对抗社会等病态性格，使之信念动摇、理想泯灭、意志衰退、工作消极、学习被动、生活萎靡等，进一步发展还可能向犯罪心理和病态心理转化。

处于"逆反期"的青少年通常对教育者有明显的"反控制"、"对抗"心理，即你越是要求他这样，他偏不这样。而这种情形，最容易引起老师、父母的恼火。而老师、父母越是恼火，对他（她）越发训斥，就会使他（她）更加反感，直接影响到与父母、老师之间的正常关系，以至于将叛逆性格发展至极端，导致人格和行为的不健康。近年来社会上多发的青少年逆反期杀亲案、出走现象、自杀事件无不说明，如果在这一特定时期疏导失当将会发生多么惨痛的后果。

每个人的生活不一样，遇到的事也不一样，很有可能你遇到一件事还在迷茫的时候，他先怒了，先告诉你这件事情不能这么做。物以类聚，人以群分，青少年中打群架的大都是善交这种朋友。暴躁的人就像一个导火索，不冷静、不理智。他很难用理性的思维处事。曾有一个故事，国外有一个富孀家财万贯，她想聘一位司机，在数十名竞聘者中选出了三位驾驶技术最好的，老太太问了他们一个问题，“你们能在离悬崖多远的地方停住？”第一个说，1 米！第二个很不服气说，我能在 1 公分的地方稳稳的停住！第三个说，我远远地看到悬崖就会停住了。结果第三位被录取了。因为在这个世界上所谓经验技术永远不是最终的保障，第三个人之所以被录取不是靠他的遇事冷静和明智。

对于正在成长的青少年，作为国家的新一代接班人，遇事冷静、冷静、再冷静，是很重要的。

22. 常怀感恩之心

英国作家萨克雷说过：“生活就是一面镜子，你笑，它也笑；你哭，它也哭。”送人玫瑰，手有余香。无论生活还是生命，都需要感恩。你感恩圣火，圣火将赐予你灿烂阳光。你怨天尤人，最终可能一无所有。

常怀感恩之心，就是对世间所有人所有事物给予自己的帮助表示感激，并铭记在心。只要我们常怀感恩之心，相信你会有所收获。

懂得感恩，内心充实

“谁言寸草心，报得三春晖”。父母给了我们生命，我们对父母要常怀感恩之心。是他们让我们来到了这个充满色彩的世界，让我们看到了世界的真善美。从早上起来的一碗热腾腾的牛奶，到一年四季被子床单的换洗，我们应该心存感激，应该感谢上天给了自己那么好的父母，感谢父母给了自己健康的身体和一个完整的家。

老师给了我们知识，我们对老师要常怀感恩之心。是老师帮我们开启了知识的大门，是老师让我们懂得了在生活中如何对于别人的帮助去说一声"谢谢"，是老师让我们明白了受到别人的恩惠，当涌泉相报，是老师从青丝到白头在三尺讲台上教书育人，他们最大的心愿就是学生个个有出息。学生能常怀感恩之心就有用不尽的学习动力。

朋友给了我们友谊，我们对朋友要常怀感恩之心。朋友能与你患难与共，在你最困难的时候，朋友能千方百计帮你，给你"打气"给你信心，助你跨过学习上各种各样的障碍物。让你刻骨铭心地觉得，朋友的情谊终生难忘。

只有知道了感恩，内心才会更充实，头脑才会更理智，眼界才会更开阔，人生才会赢得更多的幸福。懂得感恩的人，是勤奋而有良知的人，懂得感恩的人，是聪明而有作为的人。

有这样一个有趣的故事：有一次，罗斯福总统家被盗，偷去了不少东西，朋友们纷纷写信安慰他，罗斯福却说："我得感谢上帝，因为贼偷去的是我的东西，而没有伤害我的生命；贼只偷去我的部分东西，而不是全部；最值得庆幸的是，做贼的是他而不是我。"谁会想到，一件不幸的事，罗斯福却找到了三条感恩的理由。这个故事，可以说将感恩的美丽展示得淋漓尽致了。

感恩是积极向上的思考和谦卑的态度，它是自发性的行为。当一个人懂得感恩时，便会将感恩化做一种充满爱意的行动，实践于生活中。一颗感恩的心，就是一个和平的种子，因为感恩不是简单的报恩，它是一种责任、自立、自尊和追求一种阳光人生的精神境界！感恩是一种处世哲学，感恩是一种生活智慧，感恩更是学会做人，成就阳光人生的支点。从成长的角度来看，心理学家们普遍认同这样一个规律：

心的改变，态度就跟着改变；态度的改变，习惯就跟着改变；习惯的改变，性格就跟着改变；性格的改变，人生就跟着改变，愿感恩的心改变我们的态度，愿诚恳的态度带动我们的习惯，愿良好的习惯升华我们的性格，愿健康的性格收获我们美丽的人生！

一对夫妻很幸运地订到了火车票，上车后却发现有一位女士坐在他们的位子上。先生示意太太坐在她旁边的位子上，却没有请那女士让位。太太坐定后仔细一看，发现那位女士右脚有点不方便，才了解先生为何不请她起来，他就这样从嘉义一直站到台北。

下了车之后，心疼先生的太太就说："让位是善行，可是起点到终点那么久的时间，中途大可请她把位子还给你，换你坐一下。"

先生却说："人家不方便一辈子，我们就不方便这三小时而已。"太太听了相当感动，觉得世界都变得温柔了许多。

"人家不方便一辈子，我们就不方便这三小时而已。"多浩荡大气、慈悲善美的一句话。它能将善念传递给别人，影响周遭的环境氛围，让世界变得善美、圆满。

"善良"，多么单纯有力的一个词汇，它浅显易懂，它与人终生相伴，但愿我们能常追问它、善用它，因为老祖宗早就叮嘱过"善为至宝"，一生用之不尽啊。

有一位单身女子刚搬了家，她发现隔壁住了一户穷人家，一个寡妇与两个小孩子。有天晚上，忽然停了电，那位女子只好自己点起了蜡烛。没一会儿，忽然听到有人敲门。

原来是隔壁邻居的小孩子，只见他紧张地问："阿姨，请问你家有蜡烛吗？"女子心想：他们家竟穷到连蜡烛都没有吗？千万别借他们，免得被他们依赖了！

于是，对孩子吼了一声说："没有！"正当她准备关上门时，那穷小孩展开关爱的笑容说："我就知道你家一定没有！"说完，竟从怀里拿出两根蜡烛，说："妈妈和我怕你一个人住又没有蜡烛，所以我带两根来送你。"

常怀感恩之心，是很重要。这会减少一些抱怨牢骚、烦恼仇恨，心胸就会宽广和舒畅起来；常怀感恩之心，这是一种美好的情感，是生活幸福的催化剂，是事业成功的原动力，是一个人走向高贵，还原纯真的净化器。

常怀感恩之心，让生命更精彩

常怀感恩之心，是人类情感中至真至纯的芬芳美酒；常怀感恩之心，无论你贫穷还是富有，无论你顺境还是逆境，无论你成功还是失败；常怀感恩之心，在你闪烁着感激的泪光中，花儿般灿烂怒放的将是一个春光荡漾的美妙世界！

当你口渴时，爸爸给你递上一杯水，你是否感谢过他呢？当你烦恼时，向妈妈倾诉自己的苦恼，妈妈耐心的听完并教导你，你又是否感激过她呢？常怀着感恩的心，能够更加接收到关怀与帮助，摆脱贫苦和痛苦，从而快乐的生活。一位作家曾说过：我们满怀感恩之情，不仅仅是索取，而且，必须给予，用给予来表达我们的感激之情，是的，大自然是不断循环和流畅的，你给予的越多，你获得的越多，不是吗？只要你付出了，就会有收获，给予收获的规律就这么简单：想要获得快乐，你就必须给予快乐；想要获得爱，你就必须给予爱；想要获取财富，你就必须给予财富。

不要总记着生活给你开的某个玩笑，不要总想着这个社会如何待你刻薄。如果你总觉得不满足、亏得慌，心怀怨恨不满，你就会愈加变得小肚鸡肠、牢骚满腹，你就会对生活失去信心，还会失去健康，以致孤苦伶仃，憔悴不堪，那么快乐和幸福只会永远与你行进在不同的平行线上。

只要我们常怀感恩之心，人生没有什么不幸会永远让人永久地淹没在痛苦的海洋里。世间的纷争，生活的烦恼，永远也不会屏蔽我们心中发出的淡泊而宁静的妙音。

亲爱的朋友，常怀一颗感恩之心，让宽容与你我同行，我们应该乐观地对待生命，宽容的善待一切。对于你周围的朋友、同学，说声谢谢，会让他们感到快乐；对你熟的人说声谢谢，他们会有种付出得到肯定的满足；对陌生人说声谢谢，会拉近彼此之间的距离。"命运"，不足以阻挡你的前程，只要你能正视困难，化困难为力量，成功后蓦然回首，你就会感谢困难，感谢困苦，感谢贫穷！因为它们才是你的恩人。常怀感恩之心，能让自己的心情更加舒畅。常怀感恩之心，能让我们摆脱贫穷与痛苦。常怀感恩之心，你就会发现，原来一切都是那么美好。

23. 做一个富有爱心的人

爱心是一种美好的品德。如果一个人没有爱心，那他就是一个冷漠的人，一个与社会脱节的人。爱心就是关心他人，它的表现形式是多种多样的，并蕴含着深广丰富的内涵。由于青少年处于身心不成熟的发展阶段。因此，青少年必须通过一系列的社会实践和行动相结合才可能使他们真正了解爱心的含义。

青少年为何会缺失爱心

青少年缺失爱心原因如下：

1. 狭隘的生活空间。相对封闭的生活氛围会使青少年的交往范围只限制在班级同学之间。这种生活空间使他们没有足够的交往空间，他们的烦躁情绪不能正常的释放出来，所以，他们把这种不良的情绪和心理转向周围的人或事物上。

2. 不会表达内心的爱。在这个富裕的时代，青少年们过着衣食无忧的生活，这些是促使他们缺乏爱心的重要原因之一。他们以为亲人

的付出是天经地义的，从来都不去想去关爱他们，同时也不知道如何去尊重别人及关爱他人。有些青少年即使心中有一份纯真的爱心，却不懂得应该如何表达出来，久而久之，也就不懂的去爱了。

3. 不良的家庭氛围。家庭环境对青少年的心理健康发展有着非常大的作用。有些家庭中因为亲人之间的关系不和睦，经常吵架或冷战，有时还会出现粗暴的打骂行为，这些不良行为严重影响了青少年的身心健康和思想品德，长期生长在这种家庭氛围中的青少年会缺少亲情、缺少爱，所以，失去爱心也是在所难免的。

4. 没有足够的活动空间。由于狭隘的生活空间使青少年没有足够的活动范围。星期天因为父母在为自己的事情忙碌没时间陪他们去玩，他们除了对着电视或网络来打发自己的时间就别无他事。长久下去使他们缺乏与亲人之间的沟通和交流。因此，环境的影响埋没他们的爱心和同情心。

5. 父母过分的溺爱。现在大多数家庭都是独生子女，因此，过分的溺爱和包容，无私地为他们打理好生活中一切事情，这样不仅剥夺了让他们回报爱的机会还会使他们觉得自己应该接受别人的关爱，所以，他们为所欲为，不知道体贴和关爱他人。

小案例

李小飞和李慧茹曾是某中学的同班同学。他们两个的成绩在班上都是名列前茅，性格活泼开朗的李慧茹是班中的班长。在高一、高二时她都是寒窗基金的获得者，家境贫寒的她如此才得以保证在校学习的机会。然而，高三那年她的父亲因病去世了，而她家里的所有钱几乎都给父亲治病了，其母亲的收入也不高，家里还有个小妹妹在读小学，因此，她的生活十分困难。虽然李慧茹的高考成绩在班级名列前茅，但是，家中已经没多余的钱供她读书了。李慧茹家境困难的事情很快就在班里传开了，身为学习委员的李小飞第一个站出来，组织班级同学为她凑了 1800 元的学费。后来，林小飞的爸爸知道了此事，非常支持儿子的行为，他积极联系一些企业单位为李慧茹捐款，总共筹得 1 万多元，为李慧茹支付了两年的学费，李慧茹在众多人的爱心和支持下，才得以继续再在学校深造。

　　爱心是一个人发自内心的真实感受，也是一种纯洁不需要任何回报的善举。其实，爱心不只是捐款、捐物，它主要是拥有一颗助人为乐的博爱之心，它不是用金钱或物质来衡量的。因此，青少年的爱心不能靠强行灌输培养，更不是用没有理智的溺爱换来的。这种行为是他们通过自然而然的模仿逐渐形成的，就像"随风潜入夜，润物细无声"那样从外到内的发展过程，需要父母和教师的直接爱心才能播种出来的。

如何培养你的爱心

　　青少年如果拥有爱心将会受益一生，因为，在这个世界一个充满爱心的人会得到更多的快乐和自信。所以，青少年要想做一个富有爱心的人，那就从以下几点入手：

　　1. 强化自身的友好行为。如果青少年在日常中帮助别人或者给贫困生捐款，父母或老师一旦知道，要及时地给予他们鼓励，久而久之，青少年就会形成尊老爱幼、相互帮助并富有爱心的友好行为。

　　2. 多接触大自然。青少年要多与大自然中的花草、植物和动物接触，这样可以锻炼自己爱心迁移的能力。学会爱护大自然中的一草一木，你会觉得世界上的爱心无处不在。

　　3. 学会关心他人。在日常生活中，青少年要学会帮助和关心身边的每一个人，当你的同学生病了，你可以去看望他并给予他安慰，必要时还可以为他提供一些力所能及的物质或精神上的帮助。

　　4. 多参加一些有益的爱心公众活动。学校或社会上有很多献爱心的公益活动，青少年可以有意识地参加一些。比如捐款活动，为那些贫困的人，献上一份属于自己的爱心，这样，爱就会融入到你的生活当中。

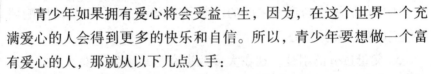

148

第三章

学生心理素质教育的故事推荐

1. 昂起头来真美

珍妮是个总爱低着头的小女孩，她一直觉得自己长得不够漂亮。有一天，她到饰物店去买了个绿色蝴蝶结，店主不断赞美她戴上蝴蝶结挺漂亮，珍妮虽不信，但是挺高兴，不由昂起了头，急于让大家看看，出门与人撞了一下都没注意。

珍妮走进教室，迎面碰上了她的老师，"珍妮，你昂起头来真美！"老师爱抚地拍拍她的肩说。那一天，她得到了许多人的赞美。她想一定是蝴蝶结的功劳，可往镜前一照，头上根本就没有蝴蝶结，一定是出饰物店时与人一碰弄丢了。

自信原本就是一种美丽，而很多人却因为太在意外表而失去很多快乐。

2. 阴影是条纸龙

人生中，经常有无数来自外部的打击，但这些打击究竟会对你产生怎样的影响，最终决定权在你手中。一次在演讲台上，老师这样讲述了他的故事：

祖父用纸给我做过一条长龙。长龙腹腔的空隙仅仅只能容纳几只蝗虫，投放进去，它们都在里面死了，无一幸免！祖父说："蝗虫性子太躁，除了挣扎，它们没想过用嘴巴去咬破长龙，也不知道一直向前可以从另一端爬出来。因而，尽管它有铁钳般的嘴壳和锯齿一般的大腿，也无济于事。"当祖父把几只同样大小的青虫从龙头放进去，然后关上龙头，奇迹出现了：仅仅几分钟，小青虫们就一一地从龙尾爬了出来。

3. 为生命画一片树叶

美国作家欧·亨利在他的小说《最后一片叶子》里讲了个故事：病房里，一个生命垂危的病人从房间里看见窗外的一棵树，叶子在秋风中一片片地掉落下来。病人望着眼前的萧萧落叶，身体也随之每况愈下，一天不如一天。她说："当树叶全部掉光时，我也就要死了。"一位老画家得知后，用彩笔画了一片叶脉青翠的树叶挂在树枝上。

最后一片叶子始终没掉下来。只因为生命中的这片绿，病人竟奇迹般地活了下来。

4. 自信

美国著名心理医生基恩博士常跟病人讲起小时候他经历过的一件触动心灵的事：

一天，几个白人小孩正在公园里玩，这时，一位卖氢气球的老人推着货车进了公园。白人小孩一窝蜂地跑了过去，每人买了一个，兴高采烈地追逐着放飞在天空中的色彩艳丽的氢气球。

在公园的一个角落躺着一个黑人小孩，他羡慕地看着白人小孩在嬉笑，他不敢过去和他们一起玩，因为自卑。白人小孩的身影消失后，他才怯生生地走到老人的货车旁，用略带恳求的语气问道：

"您可以卖一个气球给我吗?"老人用慈祥的目光打量了一下他,温和地说:"当然可以。你要一个什么颜色的?"小孩鼓起勇气回答说:"我要一个黑色的。"脸上写满沧桑的老人惊诧地看了看小孩,立即给了他一个黑色的氢气球。

小孩开心地拿过气球,小手一松,黑气球在微风中冉冉升起,在蓝天白云的映衬下形成了一道别样的风景。老人一边眯着眼睛看着气球上升,一边用手轻轻地拍了拍小孩的后脑勺,说:"记住,气球能不能升起,不是因为它的颜色、形状,而是气球内充满了氢气。一个人的成败不是因为种族、出身,关键是你的心中有没有自信。"那个黑人小孩便是基恩。

5. 韩国学生

1965 年,一位韩国学生到剑桥大学主修心理学。

他常到学校的咖啡厅或茶座听一些成功人士聊天。

这些成功人士包括诺贝尔奖获得者,某一些领域的学术权威和一些创造了经济神话的人,这些人幽默风趣,举重若轻,把自己的成功都看得非常自然和顺理成章。

时间长了,他发现,在国内时,他被一些成功人士欺骗了。那些人为了让正在创业的人知难而退,普遍把自己的创业艰辛夸大了,也就是说,他们在用自己的成功经历吓唬那些还没有取得成功的人。

作为心理系的学生,他认为很有必要对韩国成功人士的心态加以研究。

1970 年,他把《成功并不像你想像的那么难》作为毕业论文,提交给现代经济心理学的创始人威尔·布雷登教授。布雷登教授读后,大为惊喜,他认为这是个新发现,这种现象虽然在东方甚至在世界各地普遍存在，但此前还没有一个人大胆地提出来并加以研究。

惊喜之余，他写信给他的剑桥校友－－当时正坐在韩国政坛第一把交椅上的人－－朴正熙。他在信中说，"我不敢说这部著作对你有多大的帮助，但我敢肯定它比你的任何一个政令都能令人产生震动。"

后来这本书果然伴随着韩国的经济起飞了。这本书鼓舞了许多人，因为他们从一个新的角度告诉人们，成功与"劳其筋骨，饿其体肤"、"三更灯火五更鸡"、"头悬梁，锥刺股"没有必然的联系。只要你对某一事业感兴趣，长久地坚持下去就会成功，因为上帝赋予你的时间和智慧够你圆满做完一件事情。后来，这位青年也获得了成功，他成了韩国泛业汽车公司的总裁。

6. 永远的坐票

有一个人经常出差，经常买不到对号入座的车票。可是无论长途短途，无论车上多挤，他总能找到座位。

他的办法其实很简单，就是耐心地一节车厢一节车厢找过去。这个办法听上去似乎并不高明，但却很管用。每次，他都做好了从第一节车厢走到最后一节车厢的准备，可是每次他都用不着走到最后就会发现空位。他说，这是因为像他这样锲而不舍找座位的乘客实在不多。经常是在他落座的车厢里尚余若干座位，而在其他车厢的过道和车厢接头处，居然人满为患。

他说，大多数乘客轻易就被一两节车厢拥挤的表面现象迷惑了，不大细想在数十次停车之中，从火车十几个车门上上下下的流动中蕴藏着不少提供座位的机遇；即使想到了，他们也没有那一份寻找的耐心。眼前一方小小立足之地很容易让大多数人满足，为了一两个座位背负着行囊挤来挤去有些人也觉得不值。他们还担心万一找不到座位，回头连个好好站着的地方也没有了。与生活中一些安于现状不思进取害怕失败的人，永远只能滞留在没有成功的起点上一样，这些不愿主动找座位的乘客大多只能在上车时最初的落脚之处一直站到下车。

7. 女人的自负

对于女性的美丽而言，重新认识一下"自负"这个词非常有益，它可以使人坚信，美是自身固有的品质。有人说自负就是把自己看得太高。根据这种解释，如果要避免自负，就必须对自己形象有个"准确"的描述。依靠什么作为描述的标准呢？难道根据世人的眼光来评价自己的外貌是否真的美吗？难道要凭借别人的口味来了解自己完美的程度吗？显然，这是不可能的，也是不应该的。为了自己具有美感，女性应该是自负的。

索菲娅·罗兰在开始演员生涯时，曾有个绰号叫"长颈鹿"。她说，"我的个子太高，而且不协调"，"没有谁认为我有什么特殊美的地方，但所有的人却都知道我很高傲。起初人们只是对信心产生印象，逐渐的，他们认为这就是美。"索菲娅还举了这样一个相反的例子，"我有位女友，她总是太忌自己的身高，以至她给人的印象总想躲起来才好。尽管她很漂亮，但却没有机会显示自己的魅力。"因为缺少自负，女性在追求美的过程中可能会走很多弯路。如果对自己的相貌毫无信心，则势必成为某些百货商或美发师、化妆师们怜悯的对象。他们所提出来的，只能是些关于如何打扮得所谓"时髦"的建议。而这些建议一般来说都只是表面的。人们经常可以见到，有些女性时常随着潮流在变换自己的美，但结果却总是弄巧成拙。

所有的女性都需要有一种自负感，不追时髦，不盲目模仿她人，努力表现自己的独特的美。

8. 猴子

《庄子·徐无鬼》有这样一则寓言：春秋时期，吴王在江上乘舟游览，登上岸边一座猴山，众猴见了吴王一行人，仓皇而逃，钻进荆棘深处。有一只猴子，不慌不忙，从容自在地抓抓挠挠，并且在吴王一行人面前卖乖弄巧。吴王拔箭射它，它敏捷地抓住射来的飞箭。吴王命令随行人员迫近围射它，这只猴子被射而死亡。吴王转身对他的朋友颜不疑说："这只猴子夸耀自己的乖巧，依仗它的熟练技艺，用来向人卖弄、倨傲，因此才招致这个下场。我们人类应以此为戒呀！"

9. 真正的勇气

三名海军工将谈论起什么是真正的勇气。德国将军说："我告诉你们什么是勇气。"说完他召来一名水手。"你看见那根 100 米高的旗杆子吗？我希望你爬到顶端，举手敬礼，然后跳下来！"

德国水手立即跑到旗杆前，迅速爬到顶上，漂亮地敬了个礼，然后跳下来。"嗬，真出色！"美国将军称赞说。他对一名美国水兵命令道："看见那根 200 米高的旗杆了吗？我要你爬到顶，敬礼两次，然后跳下来。"美国水兵非常出色地执行了命令。"啊，先生们，这真是一次令人难忘的表演。"英国将军说："但我现在要告诉你们，我们皇家海军对勇气的理解。"他命令一名水手："我要你攀上那根高 300 米的旗杆顶端，敬礼三次，然后跳下来。""什么？要我去干这种事？先生你一定神经错乱了！"英国水手瞪大眼睛叫了起来。"瞧，先生们，"英国将军得意地说，"这才是真正的勇气。"

10.《草叶集》的出版

1842 年 3 月，在百老汇的社会图书馆里，著名作家爱默生的演讲激励了年轻的惠特曼："谁说我们美国没有自己的诗篇呢？我们的诗人文豪就在这儿呢！……"这位身材高大的当代大文豪的一席慷慨激昂、振奋人心的讲话使台下的惠特曼激动不已，热血在他的胸中沸腾，他浑身升腾起一股力量和无比坚定的信念，他要渗入各个领域、各个阶层、各种生活方式。他要倾听大地的、人民的、民族的心声，去创作新的不同凡响的诗篇。

1854 年，惠特曼的《草叶集》问世了。这本诗集热情奔放，冲破了传统格律的束缚，用新的形式表达了民主思想和对种族、民族和社会压迫的强烈抗议。它对美国和欧洲诗歌的发展产生巨大的影响。

《草叶集》的出版使远在康科德的爱默生激动不已。诞生了！国人期待已久的美国诗人在眼前诞生了，他给予这些诗以极高的评价，称这些诗是"属于美国的诗"，"是奇妙的"，"有着无法形容的魔力"，"有可怕的眼睛和水牛的精神"。

《草叶集》受到爱默生这样很有声誉的作家的褒扬，使得一些本来把它评价得一无是处的报刊马上换了口气，温和了起来。但是惠特曼那创新的写法，不押韵的格式，新颖的思想内容，并非那么容易被大众所接受，他的《草叶集》并未因爱默生的赞扬而畅销。然

156

而，惠特曼却从中增添了信心和勇气。1855 年底，他印起了第二版，在这版中他又加进了二十首新诗。

1860 年，当惠特曼决定印行第三版《草叶集》，并将补进些新作时，爱默生竭力劝阻惠特曼取消其中几首刻画"性"的诗歌，否则第三版将不会畅销。惠特曼却不以为然地对爱默生说："那么删后还会是这么好的书么？"爱默生反驳说："我没说'还'是本好书，我说删了就是本好书！"执著的惠特曼仍是不肯让步，他对爱默生表示："在我灵魂深处，我的意念是不服从任何的束缚，而是走自己的路。《草叶集》是不会被删改的，任由它自己繁荣和枯萎吧！"他又说："世上最脏的书就是被删灭过的书，删减意味着道歉、投降……"

第三版《草叶集》出版并获得了巨大的成功。不久，它便跨越了国界，传到英格兰，传到世界许多地方。

11. 试试别说

有位做母亲的苦啊，苦于与她那上小学的儿子不能沟通。她苦口婆心地与他谈、谈、谈，却总是没有效果。这一天儿子在学校又惹了事，这一天母亲却突发喉炎失了音，当她拉着孩子的手与他面对面坐下时，她急啊、气啊，可不能说一句话，只是紧紧地将孩子的手握在手心，很久……

第二天儿子对母亲说：妈妈，你昨天什么都没说，但我全明白了。出乎意料的效果，叫母亲热泪盈眶。

同样出人意料的是：某电视台拍一个有关军队的专题片，那解说词几经修改都不尽如人意，好不容易才定稿。播出那日，荧屏上军人方阵变换队形进行时，不知什么缘故，录制好的充满激情的解说词没出来，只剩下"嚓嚓"的脚步声，它是如此统一而坚实；如同地平线上走过来一个巨人，当即受到专家与观众赞扬：怎么想出来的，绝了！可要是那位母亲没有失音，要是电视音频不出故障，他们肯不说吗？事实上，没有人会认为自己说得不好，所以都在说个不休。

12. 肯定自己

今天这个时代与30年前完全不同了！农业时代靠口传心授知识和勤学苦练得到技术。但是现在科技通讯发达，你就算完全没有知识，也可以获得足够的资讯；即便毫无技术，也有适当的机械供你使用，所以人们可以在完全不用摸索的情况下，就找到捷径，获得成功。

换句话说，那等着由错误中摸索的人，则必然要遭受落后和失败的命运！由此可知，"自我妥协"实在是人类的天性。但你也知道，如果无法战胜天性，我们就很难取得过人的成就。我常说："一个男人如果不知道什么时候，把自己从女人身边拉开；一个女人如果不知道什么时候，把自己孩子从身边拉开，他们就很难出头。"

他必然是掌握了每个小小的契机，把它发挥成大的巧合，而结成缘。要知道！会结缘的人，即使在路边看商店橱窗，都能与其他看橱窗的人开口寒暄——有共同的注意点，就是一种缘！

13. 侥幸的几率

一家高级轿车代理商的总经理，决定从两位业务主管当中选出一位来接替他的位子。于是他找来两位候选人，说出他的目的后，布置一项任务，来评估谁会比较适合成为他的继承者。

老总布置的任务很简单，他说德国原厂 50 辆最新款的轿车就要运抵，他想给这两位业务主管三个月的时间，看谁卖得最多，谁就是新的总经理。

只是老总特别向他们强调一点，原厂告知，这款车有一个电子零件有瑕疵，瑕疵现象的发生几率有 50%，但因为这个瑕疵不会影响到行车及安全性，所以原厂没有计划主动召回车子。但是若瑕疵现象真的发生了，则零件要等三个月后，才能运抵并帮客人换修。

两位候选人都相当有信心，因为根据销售记录，他们两人都具有在三个月内卖掉 30 辆车的实力。

但最后的销售状况却出现很大的落差，因为在三个月竞赛期满的时候，其中一个业务主管卖出了 49 辆，但另外一位却一辆也没卖出。

老总对这样的结果感到很纳闷，他调出过去三个月来这两位竞争者的销售日报表，他惊讶地发现，两人的来客数及试车数不相上下，但销售量却大相径庭。好奇的老总于是央请一位朋友乔装成顾客，分别向这两位候选人买车。

经过详细的介绍，并且煞有介事的试驾这款新车后，老总的朋友很满意地向那位已卖出四十九辆的业务主管说："请问最快何时可以交车？""可以立刻交车。"老总的朋友回答说两天内决定。

第二天，老总的朋友向另一位没卖一辆的业务主管试车后，问："请问最快何时可以交车？""三个月。""为何要这么久？""因为此款车进量有限，我的配额刚好卖完，若您急着要车，我可以介绍您向我的同事购买，他还有最后一辆！"

老总在听完朋友的叙述后，好奇地找来那位落败的主管，问他为何要将客户往竞争对手那里推。"听说，在卖出去的 49 辆中，有

30 辆是你介绍的。为什么要这样做？"这位主管说："从员工的角度，我有达成销售的责任，因此不能停止销售这 50 辆车；但从自己的角度，我无法卖一辆事先知道有瑕疵，却没有零件可以更换的车子给客人，这跟我自己的原则抵触。所以在向客人介绍时，我都如实告知此瑕疵。虽然造成最后别人卖得比我多，但如果他被您选为总经理，就表示您比较在乎业绩，比较不在乎诚信。从职场生涯角度看，我也应该不合适这样的企业文化。"

就在这个时候，那位卖了 49 辆车的业务主管走进办公室，脸色不大好看地拿了一份文件给老总，说这是德国原厂发的电子邮件，上面写着："25 件备品要再延 30 天才能交货。"

这位业务主管不安地对老总说："又要延 30 天，我有好多客户吵着要退车！"老总问："有几位？"业务主管说："25 位。"

25 位刚好是 50 辆的一半，有趣的是 50% 的侥幸几率，逃都逃不掉，50% 的零件瑕疵率全部都出现了。

我们都知道，你若投 100 次的硬币，正反面的几率各是 50%。换句话说，谁都无法左右侥幸的几率，因为它最多只有 50%；但剩下的 50% 却是你可以 100% 做主。

在这个故事中，卖出车的业务主管选择了 50% 的侥幸几率，没卖出车的业务主管没有选择侥幸几率。如果你是要买车的顾客，你会跟谁买车？如果你是老总，你会选谁当总经理？可以确定的是，没有谁愿意被那 50% 的侥幸几率击中！

14. 你想要的轿车

在每位法律系学生上的第一堂课里，教授会告诉他们："当你盘问证人席的嫌犯时，不要问事先不知道答案的问题。"

相同的训诫也可以用在销售上。辩护律师如果事先不知道答案就盘问证人，会为他自己惹来很多麻烦，同样的情形也会发生在你身上。

绝对不要问只有"是"与"否"两个答案的问题，除非你十分肯定答案是"是"。

例如，我不会问客户："你想买双门轿车吗?"我会说："你想要双门还是四门轿车?"

如果你用后面这种二选一的问题，你的客户就无法拒绝你。相反的，如果你用前面的问法，客户很可能会对你说："不"。下面有几个二选一的问题："你比较喜欢三月一号还是三月八号交货?"

"发票要寄给你还是你的秘书?"

"你要用信用卡还是现金付账?"

"你要红色还是蓝色的汽车?"

"你要用货运还是空运的?"

你可以看见，在上述问题中，无论客户选择哪个答案，业务员都可以顺利做成一笔生意。你可以站在客户的立场来想这些问题：如果你告诉业务员你想要蓝色的车子，你会开票付款，你希望三月八日请货运送到你家之后，就很难开口说："噢，我没说我今天就要买。我得考虑一下。"

因为一旦你回答了上面的问题，就表示你真的要买。就像辩护律师问："你已经停止打老婆了吗?"这问题带有明显的假设（请注意，这问题不是："你有没有打老婆?"）。证人席的嫌犯如果回答了上面的问题，等于自动认罪。

养成经常这样说的好习惯："难道你不同意……"

例如："难道你不同意这是一部漂亮的车子，客户先生?""难道你不同意这块地可以看到壮观的海景，客户先生?""难道你不同意你试穿的这件貂皮大衣非常暖和，客户女士?""难道你不同意这价钱表示它有特优的价值，先生?"此外，当客户赞同你的意见时，也会衍生出肯定的回应。

我认为推销给两个或更多人时，如果能问些需要客户同意的问题，将会特别有效。举例来说，当某家的先生、太太和十二个小孩共乘一辆车子上街买东西时，我会问这位太太："遥控锁是不是最适合你家?"她通常会同意我的看法。

接着我会继续说："我打赌你也喜欢四门车。"因为他们是个大家庭，我知道他们只能考虑四门车。她会说："哦，是的，我只会买四门车。"在一连串批评车子的性能之后，这位先生猜想他太太有意买车，因为她对我的看法一直表示赞同。

正因如此，到了要成交的时候，我已经排除先生得征求太太意见的这项因素。然后，我会说服他答应，他们彼此都认为对方想买这辆车，没有必要再召开家庭会议讨论，我也得到这张订单了。

15. 安然的总裁

一个城里男孩 kenny 移居到了乡下，从一个农民那里花 100 美元买了一头驴，这个农民同意第二天把驴带来给他。

第二天农民来找 kenny，说："对不起，小伙子，我有一个坏消息要告诉你，那头驴死了。"

kenny 回答："好吧，你把钱还给我就行了!"

农民说："不行，我不能把钱还给你，我已经把钱给花掉了。"

kennny 说："OK，那么就把那头死驴给我吧!"

农民很纳闷："你要那头死驴干吗?"

kenny 说："我可以用那头死驴作为幸运抽奖的奖品。"

农民叫了起来："你不可能把一头死驴作为抽奖奖品，没有人会要它的。"

kenny 回答:"别担心,看我的。我不告诉任何人这头驴是死的就行了!"

几个月以后,农民遇到了 kenny。

农民问他:"那头死驴后来怎么样了?"

kenny:"我举办了一次幸运抽奖,并把那头驴作为奖品,我卖出了 500 张票,每张 2 块钱,就这样我赚了 998 块钱!"

农民好奇地问:"难道没有人对此表示不满?"

kenny 回答:"只有那个中奖的人表示不满,所以我把他买票的钱还给了他!"

许多年后,长大了的 kenny 成为了安然公司的总裁。

16. 责任感创造奇迹

几年前,美国著名心理学博士艾尔森对世界 100 名各个领域中杰出人士做了问卷调查,结果让他十分惊讶——其中 61 名杰出人士承认,他们所从事的职业,并不是他们内心最喜欢做的,至少不是他们心目中最理想的。

这些杰出人士竟然在自己并非喜欢的领域里取得了那样辉煌的业绩,除了聪颖和勤奋之外,究竟靠的是什么呢?

带着这样的疑问,艾尔森博士又走访了多位商界英才。其中纽约证券公司的金领丽人苏珊的经历,为他寻找满意的答案提供了有益的启示。

苏珊出身于中国台北的一个音乐世家,她从小就受到了很好的音乐启蒙教育,非常喜欢音乐,期望自己的一生能够驰骋在音乐的广阔天地,但她阴差阳错地考进了大学的工商管理系。一向认真的

163

她，尽管不喜欢这一专业，可还是学得格外刻苦，每学期各科成绩均是优异。毕业时被保送到美国麻省理工学院，攻读当时许多学生可望而不可及的 MBA，后来，她又以优异的成绩拿到了经济管理专业的博士学位。

如今她已是美国证券业界的风云人物，在被调查时依然心存遗憾地说："老实说，至今为止，我仍不喜欢自己所从事的工作。假如能够让我重新选择，我会毫不犹豫地选择音乐。但我知道那只能是一个美好的'假如'了，我只能把手头的工作做好……"

艾尔森博士直截了当地问她："既然你不喜欢你的专业，为何你学得那么棒？既然不喜欢眼下的工作，为何你又做得那么优秀？"

苏珊的眼里闪着自信，十分明确地回答："因为我在那个位置上，那里有我应尽的职责，我必须认真对待。""不管喜欢不喜欢，那都是我自己必须面对的，都没有理由草草应付，都必须尽心尽力，尽职尽责，那不仅是对工作负责，也是对自己负责。有责任感可以创造奇迹。"

艾尔森在以后的继续走访中，许多的成功人士之所以能出类拔萃的原因与苏珊大致相同——因为种种原因，我们常常被安排到自己并不喜欢的领域，从事着并不十分理想的工作，一时又无法更改。这时，任何的抱怨、消极、懈怠，都是不足取的。唯有把工作当作一种不可推卸的责任，全身心地投入其中，才是正确与明智的选择。正是在这种"在其位，谋其政，尽其责，成其事"的高度责任感的驱使下，他们才赢得了令人瞩目的成功。

艾尔森博士的调查结论，使人想到了我国的著名词作家乔羽。最近，他在中央电视台艺术人生节目里坦言，自己年轻时最喜欢做的工作不是文学，也不是写歌词，而是研究哲学或经济学。他甚至开玩笑地说，自己很可能成为科学院的一名院士。不用多说，他虽然不是在一开始自己就十分喜爱的岗位上从事着自己的工作，但他能够兢兢业业并为人民做出了重大的贡献。

17. 不要往前后左右看

杰克，是一个有理想的青年。他喜欢创作，立志当个大作家，像山姆一样。山姆，是杰克崇拜的大作家。杰克常常在杂志上看见山姆的名字。杰克发现，山姆非常高产；并且，创作风格多样化；再有，从作品涉及的内容看，其人的知识、见识极其广博。以山姆为偶像，杰克开始了文学创作。慢慢地，杰克也能发表作品了。杰克高兴地努力地写呀写，从趋势上看，他是进步的。然而，写了几年后，杰克沮丧地发现，自己要想赶上山姆，简直是白日做梦。山姆酷似一台创作机器，任意翻开一册新一期的杂志，几乎都可以看见山姆的名字。杰克心想，我就是每天不睡觉也写不出来这么多的作品。另外，山姆那多样化的创作风格，可以吸引有着不同欣赏癖好的读者，而自己，仅有一种创作风格。最可怕的是，山姆犹如一个无所不知无所不晓的"万事通"，而自己，相比之下，显得懂得太少了。杰克开始怀疑自己了，怀疑自己的才气，怀疑自己的学识，怀疑自己是不是文学创作这块料，怀疑自己能否在这条路上有大发展……

在种种怀疑中，杰克信心尽失，慢慢地，他远离了创作。他死心塌地做了一名运输垃圾的司机。在奔向垃圾处理场的路上，杰克老了。

这一天，老杰克到一家杂志社去运垃圾，那其实是一些滞销旧杂志。老杰克随手拾起了一册翻了翻，又看见了山姆的名字。忽然，老杰克想跟杂志社的人打听打听山姆。事实上，除了山姆的名字和他的作品，老杰克对山姆本人是一无所知的。杂志社的人笑着告诉

165

老杰克：山姆这个人根本不存在。我们杂志社把作者姓名不详的文章，一概署名为山姆。其他的杂志社也有这个习惯。所以，山姆的名字常常出现在杂志上。

话未说完，老杰克已然惊得不能动弹了。原来，让他信心尽失、理想破灭、一生黯淡的，竟是一个根本不存在的人。

18. 商人与支票

年关将近，一个小商人辛辛苦苦地赶出一批货，交给一个新客户。交货之后，左等右等也等不到客户将货款电汇回来。

过了两个星期之后，小商人终于按捺不住，便亲自搭乘夜班火车，赶到那个客户的公司，苦等几个钟头之后，对方才出现。小商人磨了半天，才取到那笔为数十万元的贷款支票。

小商人拿着客户开来的现金支票，火速赶到发出支票的银行，希望能够立刻换得现款，准备过年应急之用。不料，当他将支票交给银行柜台小姐时，对方却告诉他，这个账号的户头已经有很长的一段时间没有往来资金，而且，那个账号内的存款也不足，他的支票根本无法兑现。

小商人顿时明白，这是那个刁钻的客户故意为难他的小动作，当下便想再冲回客户的公司，和那客户大吵一架。但小商人做事一向小心谨慎，在准备离开银行之前，向银行小姐简单地讲了自己的窘困状况，并询问柜台小姐，既然他的支票因对方存款不足而遭到退票，那么对方究竟差了多少钱？

由于他的诚恳，柜台小姐也热心地帮他查询，得到的结果是，户头内只剩下九万八千元，与他的支票金额相差两千块钱。

果然不出所料，那个客户是存心要和他过不去，看来这笔货款有点悬乎。

小商人转念想了想，灵机一动，很快地从身上掏出两千元钞票，央求柜台小姐帮他存入那个客户的账号内，补足支票面额的十万元，再将那张支票轧进去，终于顺利地取到钱。

19. 拉上窗帘

美国首都华盛顿广场的杰斐逊纪念馆大厦落成使用已久，建筑物表面斑驳，后来竟然出现裂纹。政府非常担忧，派专员调查原因解决问题。最初以为蚀损建筑物的是酸雨。研究表明，冲洗墙壁所含的清洁剂对建筑物有腐蚀作用，该大厦每日被冲洗的次数，大大多于其他建筑，所以受酸蚀损害严重。

可为什么要每天冲洗呢？因为大厦常年被大量燕子的粪便弄脏。

为什么有这么多燕子聚在这里？因为建筑物上有燕子最喜欢吃的蜘蛛。

为什么蜘蛛多？因为墙上有蜘蛛最喜欢吃的飞虫。

为什么飞虫多？因为飞虫在这里繁殖特别快。

为什么繁殖快？因为这里的尘埃最适宜飞虫繁殖。

为什么这里的尘埃适宜繁殖？原来尘埃并无特别，只是配合了从窗子照射进来的充足阳光。正好形成了特别刺激飞虫繁殖兴奋的温床，大量飞虫聚集在此，于是吸引特别多的蜘蛛，又吸引了许多燕子，燕子吃饱了，就近在大厦上方便……

问题的原因既然已经找到，那么赶快拉上窗帘才是最好的办法。

20. 希望与成功

听说过这样一个故事吗？当年，美国有一家报纸曾刊登了一则园艺所重金征求纯白金盏花的启事，在当地引起一时轰动。高额的奖金让许多人趋之若鹜，但在千姿百态的自然界中，金盏花除了金色的就是棕色的，能培植出白色的，不是一件易事。所以许多人一阵热血沸腾之后，就把那则启事抛到九霄云外去了。

一晃就是20年，一天，那家园艺所意外地收到了一封热情的应征信和1粒纯白金盏花的种子。当天，这件事就不胫而走，引起轩然大波。

寄种子的原来是一个年已古稀的老人，老人是一个地地道道的爱花人。当她20年前偶然看到那则启事后，便怦然心动。她不顾八个儿女的一致反对，义无反顾地干了下去。她撒下了一些最普通的种子，精心侍弄。一年之后，金盏花开了，她从那些金色的、棕色的花中挑选了一朵颜色最淡的，任其自然枯萎，以取得最好的种子。次年，她又把它种下去。然后，再从这些花中挑选出颜色更淡的花的种子栽种。日复一日，年复一年。终于，在我们今天都知道的那个20年后的一天，她在那片花园中看到一朵金盏花，它不是近乎白色，也并非类似白色，而是如银如雪的白。一个连专家都解决不了的问题，在一个不懂遗传学的老人手中迎刃而解，这是奇迹吗？

当年曾经那么普通的一粒种子啊，也许谁的手都曾捧过。捧过那样一粒再普通不过的种子，只是少了一份对希望之花的坚持与捍卫，少了一份以心为圃、以血为泉的培植与浇灌，才使你的生命错过了一次最美丽的花期。种在心里，即使一粒最普通的种子，也能长出奇迹！

168

这个故事告诉我们，只要我们心中存在希望，只要我们心中有一颗希望的种子，那么就一定会创造出奇迹……

21. 断箭

春秋战国时代，一位父亲和他的儿子出征打仗。父亲已做了将军，儿子还只是马前卒。又一阵号角吹响，战鼓雷鸣了，父亲庄严地托起一个箭囊，其中插着一支箭。父亲郑重对儿子说："这是家袭宝箭，配带身边，力量无穷，但千万不可抽出来。"

那是一个极其精美的箭囊，厚牛皮打制，镶着幽幽泛光的铜边儿，再看露出的箭尾，一眼便能认定是用上等的孔雀羽毛制作。儿子喜上眉梢，贪婪地推想箭杆、箭头的模样，耳旁仿佛嗖嗖的箭声掠过，敌方的主帅应声折马而毙。

果然，配带宝箭的儿子英勇非凡，所向披靡。当鸣金收兵的号角吹响时，儿子再也禁不住得胜的豪气，完全背弃了父亲的叮嘱，强烈的欲望驱赶着他"呼"一声就拔出宝箭，试图看个究竟。骤然间他惊呆了。一只断箭，箭囊里装着一只折断的箭。我一直刳着只断箭打仗呢！儿子吓出了一身冷汗，仿佛顷刻间失去支柱的房子，轰然意志坍塌了。结果不言自明，儿子惨死于乱军之中。

拂开蒙蒙的硝烟，父亲捡起那柄断箭，沉重地啐一口道："不相信自己的意志，永远也做不成将军。"

22. 生命的价值

在一次讨论会上，一位著名的演说家没讲一句开场白，手里却高举着一张 20 美元的钞票。

面对会议室里的 200 个人，他问："谁要这 20 美元?"一只只手举了起来。他接着说："我打算把这 20 美元送给你们中的一位，但在这之前，请准许我做一件事。"他说着将钞票揉成一团，然后问："谁还要?"仍有人举起手来。他又说："那么，假如我这样做又会怎么样呢?"他把钞票扔到地上，又踏上一只脚，并且用脚碾它。尔后他拾起钞票，钞票已变得又脏又皱。

"现在谁还要?"还是有人举起手来。

"朋友们，你们已经上了一堂很有意义的课。无论我如何对待那张钞票，你们还是想要它，因为它并没贬值，它依旧值 20 美元。人生路上，我们会无数次被自己的决定或碰到的逆境击倒、欺凌甚至碾得粉身碎骨，我们觉得自己似乎一文不值。但无论发生什么，或将要发生什么，在上帝的眼中，你们永远不会丧失价值。在他看来，肮脏或洁净，衣着齐整或不齐整，你们依然是无价之宝。"

23. 过上好日子

5 年前，斯蒂芬·阿尔法经营的是小本农具买卖。他过着平凡而又体面的生活，但并不理想。他一家的房子太小，也没有钱买他们想要的东西。阿尔法的妻子并没有抱怨，很显然，她只是安于天命而并不幸福。

但阿尔法的内心深处变得越来越不满。当他意识到爱妻和他的两个孩子并没有过上好日子的时候，心里就感到深深地刺痛。

但是今天，一切都有了极大的变化。现在，阿尔法有了一所占地两英亩的漂亮新家。他和妻子再也不用担心能否送他们的孩子上一所好的大学了，他的妻子在花钱买衣服的时候也不再有那种犯罪的感觉了。下一年夏天，他们全家都将去欧洲度假。阿尔法过上了真正的生活。

阿尔法说："这一切的发生，是因为我利用了信念的力量。5年以前，我听说在底特律有一个经营农具的工作。那时，我们还住在克利夫兰。我决定试试，希望能多挣一点钱。我到达底特律的时间是星期天的早晨，但公司与我面谈还得等到星期一。晚饭后，我坐在旅馆里静思默想，突然觉得自己是多么地可憎。'这到底是为什么！'我问自己，'失败为什么总属于我呢？'"

阿尔法不知道那天是什么促使他做了这样一件事：他取了一张旅馆的信笺，写下几个他非常熟悉的、在近几年内远远超过他的人的名字，他们取得了更多的权力和工作职责。其中两个原是邻近的农场主，现已搬到更好的边远地区去了；其他两位阿尔法曾经为他们工作过；最后一位则是他的妹夫。

阿尔法问自己：什么是这5位朋友拥有的优势呢？他把自己的智力与他们作了一个比较，阿尔法觉得他们并不比自己更聪明；而他们所受的教育、他们的正直、个人习性等，也并不拥有任何优势。终于，阿尔法想到了另一个成功的因素，即主动性。阿尔法不得不承认，他的朋友们在这点上胜他一筹。

当时已快深夜3点钟了，但阿尔法的脑子却还十分清醒。他第一次发现了自己的弱点。他深深地挖掘自己，发现缺少主动性是因为在内心深处，他并不看重自己。

阿尔法坐着度过了残夜，回忆着过去的一切。从他记事起，阿尔法便缺乏自信心，他发现过去的自己总是在自寻烦恼，自己总对自己说不行，不行，不行！他总在表现自己的短处，几乎他所做的一切都表现出了这种自我贬值。

终于阿尔法明白了：如果自己都不信任自己的话，那么将没有人信任你！

于是，阿尔法做出了决定："我一直都是把自己当成一个二等公民，从今后，我再也不这样想了。"

第二天上午，阿尔法仍保持着那种自信心。他暗暗以这次与公司的面谈作为对自己自信心的第一次考验。在这次面谈以前，阿尔法希望自己有勇气提出比原来工资高 790 甚至 1000 美元的要求。但经过这次自我反省后，阿尔法认识到了他的自我价值，因而把这个目标提到了 3500 美元。

结果，阿尔法达到了目的。他获得了成功。

24. 失约

魏特利有幸在年少时，便学会了自立自强。他父亲在第二次世界大战时身在国外，当他九岁时，在圣地亚哥附近，有一个陆军制炮兵团，驻扎的士兵和他成了好友，以消磨无聊的闲暇时间。他们会送魏特利一些军中纪念品，像陆军伪装钢盔、背带及军用水壶，魏特利则以糖果、杂志或邀请他们来家中吃便饭，作为回赠。

魏特利永难忘怀那一天，他回忆道：

"那天我的一位士兵朋友说：'星期天上午五点，我带你到船上钓鱼。'我雀跃不已，高兴地回答：'哇哈！我好想去。我甚至从未靠近过一艘船，我总是在桥上、防堤上或岩石上垂钓。眼看着一艘艘船开往海中，真令人羡慕！我总是梦想，有一天我能在船上钓鱼。噢，太感谢你了！我要告诉我妈妈，下星期六请你过来吃晚饭。'"

"周六晚上我兴奋地和衣上床，为了确保不会迟到，还穿着网球鞋。我在床上无法入眠，幻想着海中的石斑鱼和梭鱼，在天花板上游来游去。清晨三点，我爬出卧房窗口，备好渔具箱，另外还带备用的鱼钩及鱼线，将钓竿上的轴上好油。带了两份花生酱和果酱三明治。

四点整，我就准备出发了。钓竿、渔具箱、午餐及满腔热情，一切就绪——坐在我家门外的路边，摸黑等待着我的士兵朋友出现。"

"但他失约了。"

"那可能就是我一生中，学会要自立自强的关键时刻。"

"我没有因此对人的真诚产生怀疑或自怜自艾，也没有爬回床上生闷气或懊恼不已，向母亲、兄弟姊妹及朋友诉苦，说那家伙没来，失约了。相反地，我跑到附近汽车戏院空地上的售货摊，花光我帮人除草所赚的钱，买了那艘上星期在那儿看过、补缀过的单人橡胶救生艇。近午时分，我才将橡皮艇吹满气，我把它顶在头上，里头放着钓鱼的用具，活像个原始狩猎队。我摇着浆，滑入水中，假装我将启动一艘豪华大油轮，航向海洋。我钓到一些鱼，享受着我的三明治，用军用水壶喝了些果汁，这是我一生中最美妙的日子之一。那真是生命中的一大高潮。"

魏特利经常回忆那天的光景，沉思所学到的经验，即使是在9岁那样稚嫩的年龄，他也学到了宝贵的一课："首先学到的是，只要鱼儿上钩，世上便没有任何值得烦心的事了。而那天下午，鱼儿的确上钩了！其次，士兵朋友教给我了，光有好的意图并不够。士兵朋友要带我去，也想着要带我去，但他并未赴约。"

然而对魏特利而言，那天去钓鱼，却是他最大的希望，他立即着手设定计划，使愿望成真。魏特利极有可能被失望的情绪所击溃，也极可能只是回家自我安慰："你想去钓鱼，但那阿兵哥没来，这就算了吧！"相反地，他心中有个声音告诉他：仅有欲望不足以得胜，我要立刻行动，要自立自强，自己开发属于自己的那一片沃土——潜能。

25. 痛苦积聚力量

有一个女孩，很小的时候就拥有一个梦想：成为一名出色的滑雪运动员。然而，她不幸患上了骨癌。为了保住性命，她被迫锯掉了右脚。后来，癌细胞扩散，她先后又失去了乳房和子宫。

一而再，再而三的厄运降临到她的头上，她哭泣过、悲伤过，却从没有放弃过心中的梦想，她一直告诫自己："轻言放弃，就是失败，我要对自己的生命负责。"

最后，她不但没有被病魔打倒，相反，她以顽强的斗志和无比坚强的勇气，排除万难，终于为自己创下了多项世界纪录，其中包括获得了 1988 年冬季奥运会的冠军，还在美国历届滑雪锦标赛中共赢得 29 枚金牌。后来，她还成为攀登险峰的高手。她就是美国运动史上极具传奇色彩的著名滑雪运动员——戴安娜·高登。

26. 蜘蛛的启示

19 世纪初，一支英国大军被拿破仑所率领的军队击溃，这支军队的将领们落荒而逃。其中一位躲进农舍的草堆里避风雨，又痛苦，又懊丧。茫然中，他忽然发现墙脚处有一只蜘蛛在风中拼力结网，蛛丝一次次被吹断，但蜘蛛一次又一次拉丝重结，毫不气馁，终于把网结成。将军被这个小精灵震撼了，深受鼓励，后来重整旗鼓，厉兵秣马，终于在滑铁卢之役打败了对手拿破仑。这位将军，就是历史上赫赫有名的威灵顿将军。

每个人在他的一生中总会遇到这样那样的困难。伟大的音乐家贝多芬，17 岁丧母，32 岁失聪，接二连三的打击没有击倒他。他的主要作品竟大都作于失聪之后。牛顿，只上过三个月的小学便辍学在家。但一样成为人类光明的使者，成为自然界一些最重要规律的发现者。

27. 圣诞节的他

圣诞节前夕，家家户户张灯结彩，充满佳节的热闹气氛。他坐在公园里的一张椅子上，开始回顾往事。

去年的今天，他也是孤单一人，以醉酒度过他的圣诞节，没有新衣，也没有新鞋子，更甭谈新车子、新房子。

"唉！今年我又要穿着这双旧鞋子度过圣诞节了！"说着准备脱掉这旧鞋子。这个时候，他突然看见一个年轻人滑着轮椅从他身边走过。

他感慨道："我有鞋子穿已经是幸福了！他连穿鞋子的机会都没有啊！"之后，他每做任何一件事都心平气和，珍惜机会，发奋图强，力争上游。

数年之后，他终于彻底改变了生活，他成了一名远近闻名的企业家。

28. 取得成功

华特和丽莎这对年轻夫妇，不久前还以为成功指日可待，当华特拿到心理和企管硕士学位时，他以为自己日后就可以从事管理公司人际关系咨询，或执行与监督有关的工作。然而短期内，事情却与他预期的有所出入，华特别无选择，只好暂时将希望束之高阁，这一晃就是好几年。华特是个德国人，这段期间除了当翻译，似乎也没有其他出路。

他和丽莎两人都梦想能搬回德国，如此一来，不但可与家人团聚，丽莎更可借此学习德文及当地文化。他们一心想回德国，计划在那里找一个高薪的工作，并趁两人还是丁克族时好好四处旅游。为了实现这个梦想，他们花了一个半月的时间在德国找工作，登报求职、寄履历表，让雇主知道他们强烈的工作意愿。就在离德返美的前一天，正当所有履历表都石沉大海时，华特突然接到一个面试电话。

"我们一定能美梦成真！"丽莎兴奋地大叫。

可是华特却显得十分谨慎。

"别高兴得太早，"他说，"丽莎，这不过是个面试而已。

面试结束，华特和丽莎如期返美等候通知。一个星期过去了，半个月过去了，一个月过去了，丽莎这时开始感到不耐烦，她焦急地催促华特打个电话去问问情况，然而华特心里明白，他得等到公司主动跟他联络才行。在圣诞节前后，该公司的人事主管终于告诉华特，他们要雇用他，只是公司的决策过程太慢了。经过数个月的漫长等待，两人终于美梦成真。这份工作薪水优厚，升迁可期，同时公司还愿意协助华特还清助学贷款及迁徙费用，再也没有什么工作比这次更好的了。

华特和丽莎乐疯了，他们终于达成心愿。

华特接着前往德国开始新工作。就当地的工作条件而言，这是个令人称羡的职位，华特和丽莎都觉得十分满意。华特有两个月的试用期，看看双方是否合适，这时，丽莎也辞去工作，准备搬家。

可是当华特开始工作后，对公司及工作总有一种不安感，有些事情好像不太对劲，他很怕心里出现"回美国算了"的念头，因为事情演变至今，早已无后路可退，他也想干脆放弃这个原本和预期相符的职业生涯。最后他终于了解自己再也无法漠视这种感觉。

有天晚上华特走了好长一段路，反复思考这个情况，当他知道目前的新工作根本就不适合他时，华特不禁放声大哭。然而除了悲伤，华特也为自己理清了思绪而感到欣慰。

第二天华特走进总裁办公室，递了辞呈。总裁很惊讶，而且也有点失望，可是除了接受也别无他法。"你为什么要离开？你以后该怎么办？"总裁不解地问。

接着华特对自己在这段时间看到的公司问题——向总裁报告，并且告诉他这份工作和原先预期的不太一样，华特接着说，他计划开一家咨询公司。华特自信及坚定的口吻让总裁印象深刻，于是他问华特："要是你当了咨询师，你会怎样为公司解决问题呢？"

华特想了一下，因为他尚未完全勾勒出蓝图，不过仍按长期的思考模式回答。华特告诉总裁，思想如何创造实际，而每个人内心其实都有驱动力、常识和其他特质，这些足以使人成为有效率的职员。总裁对华特的话很感兴趣，遂问华特是否愿意当他和公司的咨询师。瞧，多快！华特马上就有了第一位客户。

华特离开德国前，和总裁做了一整天的训练课程，并规划日后要将这套心智运作原则和安宁心智的方法传授给公司各阶层主管。截至目前为止，华特已走访了 13 个国家，训练对象超过 2000 人。华特的事业蒸蒸日上，他不仅为原公司进行咨询工作，业务更扩展至德国及法国其他公司。

想不到原本想傻傻地辞掉工作，到最后事情却出乎两人意料之外——当了咨询师的华特不仅赚进大把钞票，还有上班族渴望的自由，他在两个国家之间如鱼得水。丽莎也如愿在德国待上几个月，并趁华特到各国工作时，四处游览。

29．心理学家的分析手记

这是一位心理分析家的手记，它记录并分析了这样一件事。

"去他的，我真不敢相信现在的驾驶有多不小心！"这正是米兰达一大早开着车进城工作途中的例行抱怨。这也是米兰达典型的星期一，在高速公路遇上大塞车。他努力地想切进左线车道，可是开着蓝色别克的女人却坚持不让他插队。"又碰到个笨蛋！"米兰达紧握方向盘，一股气冲到脑门，"这个早上一路都是些笨蛋！"

方才那辆别克车的女驾驶显然对忿忿不平的米兰达视若无睹，只见她拿起眼线笔对着后照镜描着左眼。为了要引起她的注意，米兰达一面生气地按着喇叭，一面挥舞着拳头，没想到她也隔着车窗向米兰达挑衅："随便你了，兄弟。"两人于是干上了。

米兰达喃喃自语："好吧，女人，这回你可是遇到对手了！"此时他看到一个可以切入右线车道的机会，米兰达换到四档，从右侧惊险地超过一辆红色福特，遥遥领先。

"太棒了！"米兰达沾沾自喜。不过他显然尚未悟透，他就算赢了这场小小的较劲，依然是个大输家。在高科技公司上班的他会和以前一样，气急败坏地赶到办公室，带着坏心情过完这一天。

如果我们深入了解米兰达的思维，会发现他的内心充满着批判、不耐烦与焦躁。对他来说，其他的驾驶者都是"敌人"，起码也是他生活步调的破坏者。米兰达认为，开车上班就像陷入战区一样，亦步亦趋的同时不忘大声谴责混乱的一切。

米兰达并不知道自己先入为主的观念和他开车上班的不愉快经验有何关联。他觉得他对"外在环境"的反应很自然！完全不晓得他的心灵生活筑于自己的"内在世界。"一旦米兰达了解他的所有体验真正源于何处，他看待交通的角度又将如何？

在理想的世界里，交通永远平衡顺畅，驾驶者将永远是彬彬有礼，大家永远不会因为气候或事故而迟到。很不幸的是，这个"理想国"仅仅存在于人类的梦想里。在现实世界中，交通事故频传、天气变幻莫测、大家并非永远都谦让有礼。可是我们开车上路，面对事故频仍的日常公路，其实可以选择自己的心境——我们不总是处于心理的"交叉路口"吗？

如果米兰达现在知道他愤恨的源头，他会如何处理上述的状况呢？星期一早晨缓慢的行车速度，让他心浮气躁。如果他不加速前进，担心可能迟到，一想到这，他开始紧张，他注意到自己的肩膀肌肉紧绷，怒火中烧。

米兰达体验自己不耐烦、生气、不舒服的感觉正是意念传达给他的信号，他必须适时调整这些怀疑。就如同开车骤然切到隔线车道会听到撞击声一样，这种情绪上的警告无疑给米兰达当头棒喝，让他知道自己正往错误的思考模式领域前进。如果他继续下去，那么终将出现"公路激怒症候群"。

仅仅是认清当下的思考，米兰达便能在心理上换档重新上路。与其把别克车里的女人视为敌手，不如对她的一心二用感到新鲜有趣。他知道她太专注画眼线，才对米兰达变换车道的意图毫不知情。因此米兰达暂缓切入左线车道，让这位女士先行后再开始行动。他甚至还会为自己浪费了 10 秒钟的时间在那儿生闷气、影响开车和上班心情感到好笑呢！再一次，

米兰达了解他自身的意念能创造愤慨的世界，也能打造安宁的心境。

30. 寻找快乐

约翰在法国中西部长大，其父母靠经营果圃把约翰养育成人。这种一年到头辛勤耕作、劳碌的农家生活，无疑对约翰日后的自我要求及情绪转换影响深远。如果约翰没有把事情做完，约翰会觉得怠惰、沮丧、有罪恶感。可是不论约翰做了多少，心里老是有股力量驱使约翰去完成更多的事。于是约翰对实际工作感到压力重重、精神透支且枯燥乏味。

长大以后，约翰对工作的态度就是不断地保持积极的态度。约翰太太对于约翰能在一天内完成许多事情感到惊讶不已。约翰可以在很短的时间内就把房间打扫干净，用一个上午写好一份工作报告，花一天时间种下所有花种，但心里却觉得索然无味。而且约翰只要一坐下来放松心情便觉得罪恶惶恐，会一直想着总还有件事没做好，这种念头一直持续到一日终了。

对约翰而言，生命中最艰难的挑战便是呆坐。

长久以来，约翰的心一直不停地转动思考，因此坐在海边体验一切——看看绮丽的海景、嗅嗅清凉的海风、听听动人的海涛，对约翰来说皆是新尝试。约翰一直害怕如果自己不能加快脚步，就会变得懒惰而且无法做好任何一件事。这种想法让约翰沮丧透了，所以约翰总是让自己像陀螺一样忙得团团转，只有在消掉工作表上完成事项后才会觉得有一丝轻松。

那天，约翰记得很清楚，自己是如何凝神静听。约翰那时正在佛罗里达州实习，参加为期三周的心理学新发展课程。

起初的两个星期，约翰对上课内容有一箩筐的问题，约翰不过是想借此学到更多咨询方面的新观念和方法，但是很糟糕，约翰尚未找到其中要决，而课程指导员却一直告诉约翰只要放松心情专注倾听就可以了。

"下午放自己一个假到海边去吧！"课程指导员说。

约翰对他的动机十分怀疑。多浪费时间啊！要约翰一整个下午待在海边，那种不做事的感觉多令人害怕啊！约翰以前从来没有过这种经验，于是约翰和他据理力争，因为只剩下一个星期了，约翰不觉得还有时间浪费，难道约翰不该更努力一点吗？去海边做什么？

可是约翰也想到，到海边走走又不会让他少掉一块肉，还可以享受假期！或许他是对的，约翰可能真该学学如何放慢脚步。

隔天，约翰和妻子一起漫步海边，感到快乐无比。但过了一两个小时，约翰的焦虑开始出现，无论觉得有多不舒服，约翰知道必须秉持信念，而且得相信指导员告诉他如何放松心情的那一套。

当晚，约翰睡得很沉。半夜 3 点约翰自梦中清醒，顿时恍然大悟。

"亲爱的，快起来。"约翰边说边把妻子摇醒，"我想通了！我终于明白他说的是怎么一回事了。"这是约翰第一次清楚地知道顺其自然和不去强求的意念。原来在睡眠中，心智放松了，这一切看来真是太简单、太不可置信了。

约翰回到明尼苏达州，日子又和以前一样，可是那晚触动心灵的感觉却依然持续着。

有个星期六，约翰又忙着做事，这回约翰清楚他得赶着做，于是约翰停下来，做了个深呼吸，找到头绪。约翰告诉自己，或许该试试这个方式，看看是否真的可行——在心情放松的情况下把每件事做好，而非处于以往紧张高压的环境。

约翰带着这种新想法过了一天，每一次只要一发现到自己的紧张，心里便很清楚地告诉自己该停下来休息一下。当然，一天结束后，工作比预期进行的速度还要快。更让人吃惊的是：这一整天约

翰都好快乐，无论是工作还是休息，一点也不觉得累。

31. 1850 次拒绝

在美国，有一位穷困潦倒的年轻人，即使在身上全部的钱加起来都不够买一件像样的西服的时候，仍全心全意地坚持着自己心中的梦想，他想做演员，拍电影，当明星。

当时，好莱坞共有 500 家电影公司，他逐一数过，并且不止一遍。后来，他又根据自己认真划定的路线与排列好的名单顺序，带着自己写好的量身定做的剧本前去拜访。但第一遍下来，所有的 500 家电影公司没有一家愿意聘用他。

面对拒绝，这位年轻人没有灰心，继续他的第二轮拜访与自我推荐。

在第二轮的拜访中，500 家电影公司依然拒绝了他。

第三轮的拜访结果仍与第二轮相同。这位年轻人咬牙开始他的第四轮拜访，当拜访完第 349 家后，第 350 家电影公司的老板破天荒地答应愿意让他留下剧本先看一看。

几天后，年轻人获得通知，请他前去详细商谈。

就在这次商谈中，这家公司决定投资开拍这部电影，并请这位年轻人担任自己所写剧本中的男主角。

这部电影名叫《洛奇》。

这位年轻人的名字就叫席维斯·史泰龙。现在翻开电影史，这部叫《洛奇》的电影与这个日后红遍全世界的巨星皆榜上有名。

32. 沙漠中的旅人

因缺水而被困在沙漠里的两个旅人，其中一个旅人要抓住最后一线希望去找水，便将自己的水袋交给同伴说："你一定要耐心等我回来。"临行前他拿出一支手枪说："里面有5颗子弹，你每隔一小时向天空打一枪，这样我就不会迷失方向，找到水便能循着枪声返回来了。"

同伴等啊等，等到枪里还剩下最后一颗子弹时，他还没有回来。一种深深的恐惧和绝望吞噬着他的精神和灵魂，他将最后一颗子弹打进了自己的胸膛。其时，他的同伴刚刚向一位赶骆驼的老人讨到了水，当他寻着枪响的方向找到原处时，看到了同伴的尸体。就差一步，他没有等到。

一篇报道说一对下岗夫妻几经商海的沉浮与磨难后还是陷入了"绝境"，最后一个已成交的客户也迟迟不能给他们支付货款，在各种沉重的压力面前，他们绝望了，选择了打开煤气自杀了。几日后，一个人登门感觉情况不对，报了警，发现了这个悲剧。这个人就是他们的最后一个客户。原来他刚刚把拖欠的一笔不小的货款汇入他们的账号，想通知他们时，电话无论如何也联系不上，才亲自登门。货款足够使那对夫妻东山再起。就差一步，他们没有等到。

33. 扁鹊的医术

魏文王问名医扁鹊说："你们家兄弟三人，都精于医术，到底哪

183

一位最好呢？"

扁鹊答说："长兄最好，中兄次之，我最差。"

文王再问："那么为什么你最出名呢？"

扁鹊答说："我长兄治病，是治病于病情发作之前。由于一般人不知道他事先能铲除病因，所以他的名气无法传出去，只有我们家的人才知道。我中兄治病，是治病于病情初起之时。一般人以为他只能治轻微的小病，所以他的名气只及于本乡里。而我扁鹊治病，是治病于病情严重之时。一般人都看到我在经脉上穿针管来放血、在皮肤上敷药等大手术，所以以为我的医术高明，名气因此响遍全国。"

文王说："你说得好极了。"

34. 一个还是两个？

街上有两家卖早点的小餐馆，他们是隔街相对的邻居，规模差不多大，并且经营的早点也相同，都是稀饭、馒头和鸡蛋。

两个餐馆的早点食品差不多，客人也几乎一样多。每天早上，附近的居民都会踱到这两家餐馆里来，喝上一碗稀粥，吃一个馒头和煮鸡蛋。给这两家小餐馆长期供应鲜鸡蛋的是一个个头不高却十分精明的乡下小贩。刚开始时，他总是对右边这家餐馆老板说："你怎么每次只要 500 个鲜鸡蛋呢？对面的可是每次都要整整 1000 个呢？"街右的餐馆老板不相信，两家差不多的客流量，自己每 10 天 500 个鲜鸡蛋不多不少正好卖完。邻居家 10 天怎么能卖 1000 个鸡蛋呢？

终于有一天，街右这家老板让一个精明的亲戚扮作食客，到街左那家卖早点的餐馆去吃顿饭，探一探自己和那家老板的经营到底有什么不同，是不是那一家有什么奇妙的招数？亲戚去对面的早点铺吃了一顿早点很快就回来了。老板赶忙上去问："发现有什么不一样的地方了吗？"

亲戚摇摇头说："没有。只是他们的客人没有一个是不吃鸡蛋的，有的吃三个，有的吃两个，最少的也是吃一个。"

老板一听，更觉得奇怪了，自己的顾客有吃鸡蛋的，也有许多不吃鸡蛋的，这是为什么呢？

老板正迷惑不解时，亲戚忽然醒悟说："对了，我觉得人家卖鸡蛋同咱店里的卖法有些不一样。"

"怎么不一样呢？"老板忙问。

亲戚说："平时食客到这里吃早点，咱们总是问人家：'要鸡蛋吗？'有的顾客要，有的顾客就拒绝说不要，那家的问法就不一样，他们问顾客：'要一个鸡蛋还是要两个鸡蛋'。"

老板一听，顿时明白了。他终于知道为什么自己每 10 天只能卖出 500 个鸡蛋，而那家能卖出 1000 个的秘密了。差就差在向食客推销熟鸡蛋的言语技巧上。

35. 曹操与关羽

　　建安五年，曹操出兵东征。刘备被迫投奔袁绍，而关羽则为曹操捕获，拜为偏将军。曹操对关羽很尊重，待之以厚礼。后来，曹操发现关羽心神不宁，并没有久留的意思，于是对张辽说："请你去试着问问关羽，是否愿意留在这里。"于是，张辽来到关羽的住处，询问关羽的意见，关羽叹息说："我知道曹公对我厚爱，但是，我既受到刘备的知遇大恩，并起过共生死的誓愿，是不能背弃信义的。我总有一天要离开的，但在离开以前，对曹公一定要有所回报的。"

185

张辽转告了曹操，曹操敬重关羽的义气。后来，关羽斩杀了袁绍的大将军颜良文丑，并解了曹操的白马之围，曹操知道他肯定是要走了，于是，重重赏赐了关羽。而关羽则把曹操所有赏赐的东西，原封不动地包好留下，投奔正在袁绍军营里的刘备去了。曹操的部下要去追杀关羽，曹操说："人，各有其主，不要去追他。"

36. 商鞅变法

商鞅在秦国实行变法，法令已经制订好了，但还未公布。他担心老百姓不相信，就竖了一根三丈长的木头在南门口，宣布说："谁要是将这根木头扛到北门口，赏给十金。"老百姓感到奇怪，不敢搬。商鞅又说："能扛到的赏给五十金。"有一个人扛起木头走到北门口，商鞅马上赏给他五十金。这样下来，变法的法令一公布，老百姓们就相信了。

37. 最幸福的靠山

入伍三年的小赵探亲回到县城，刚踏入家门，见父母阴沉着脸，失去了往日的笑容，人也仿佛苍老了许多。妹妹心情忧郁地站在旁边，想说什么，但看着爸爸、妈妈，欲言又止。

小赵放下行李，把妹妹拉到一旁，一再追问家里发生了什么事，妹妹才吞吞吐吐地说："哥哥，你三年没有回来，素梅她……她……另有男朋友了。"

妹妹的话好似晴天霹雳，小赵一下子瘫坐在椅子上，他怎么也没有想到会发生这样的事情。入伍三年来，自己哪一天不在想念她，深深的爱激励着他刻苦训练，可现在……小赵伤心极了，真想立即找到她问个清楚。可他还是克制着屈辱和愤怒，他深知，维系爱情的不是强暴，而是感情，真正相亲、相知、相爱的感情。他想：难道恋爱不成，就必然反目为仇、实施报复吗？难道就没有其他选择吗？

时隔两天，在经历了一场理智与感情的激烈交战之后，小赵踏入了女友孔素梅的家门。顿时，孔家的气氛紧张了。小赵却不怨不恨不怒，心平气和地对孔素梅说："素梅，我理解你的心情和处境，三年来，绿柳树旁你独自徘徊，还要时常牵挂我。前一阵子发生的事情，虽然出乎我的意料，但细细想来又在情理之中。在恋爱上，你有自由选择的权利，我也不能强求。今后，有什么困难需要我帮助，尽管写信告诉我……我们还是朋友，我们毕竟真诚地相爱过。"

一晃一年时间过去了，刚刚弥合失恋创伤的小赵，万万没有想到，已分手的女友素梅又来信了。信中称："我恨自己当初为了可怜的虚荣心而随'他'去广州，后悔自己当初涉世不深，真假难辨去干了'按摩'工作。现在，家里人不理我，亲友、邻居见了我像躲瘟神似的躲着我，还有流言蜚语压得我喘不过气来。孤独、寂寞、痛苦折磨着我，与其这样活受罪，还不如死掉痛快。我对不住你，不能求得你的宽恕。在我人生弥留之际，向你表示深深的忏悔……"

小赵看到这里，一种不祥的预感袭上心头。他想：她不是那种水性杨花的女人，只是经受不住大城市繁华生活的诱惑才走错了路，更何况她现在迷途知返，懂得珍惜感情，不管作为恋人还是朋友，我都应该在其绝境中拉她一把。他又想：我这样做有没有必要？别人会怎么议论呢？经过反复思考，他把自己的想法告诉了领导。得到支持后，小赵心急火燎地踏上了旅程。

家里人见到他，大吃一惊。听了他准备和素梅结婚的想法后，父亲立刻发火了："什么？你要和她结婚，你小子也不想想，当初她是怎么待你的。你不要把张家祖宗的脸丢尽了。好马不吃回头草，你要长相有长相，要能耐有能耐，又不是讨不到媳妇。"

小赵得到的不是支持而是激烈的反对。

"素梅上了骗子的圈套，她是无辜的。她心灵的创伤，需要用温暖的双手和一颗火热的心去抚平，激发她对生活的信心，我不能看着她去死！"没有受到世俗羁绊的小赵，真是吃了秤砣铁了心。他对亲友说："尽管她名声不好，但我爱她，你们爱怎么说就怎么说。"

他来到素梅家里，素梅躺在病床上，已经被人为的各种流言折磨得不成样子了。他向她倾吐了自己的心里话后，素梅哭诉了受骗经过后说："我欠你的太多，不配当你的妻子，你去另找一个吧！看到你，我就心满意足了。"

"不，感情这事别人是代替不了的。你放心，过去我爱你，现在和将来我一样爱你。"

不久，这对经历了磨难的恋人，在乡亲们的赞扬声和祝福声中，终于结为伉俪。

小赵对他的恋人确实十分宽容：当相爱三年的恋人背叛他时，他对她宽容；当她成为堕落的女人后又投向他时，他又对她宽容。这是别人不容易做到的，可是小赵却做到了。正因为他做到了，他终于得到了真正的爱情。

对素梅来说，小赵是自己人生中最幸福的靠山。

38. 纪伯伦与圣人

当纪伯伦年轻的时候，曾经拜访过一位圣人。这位圣人住在山那边一个幽静的林子里。正当纪伯伦和圣人谈论着什么美德的时候，一个土匪瘸着腿吃力地爬上山岭。他走进树林，跪在圣人面前说："啊，圣人，请你解脱我的罪过，我罪孽深重。"

圣人答道："我的罪孽也同样深重。"

土匪说："但我是盗贼。"

圣人说："我也是盗贼。"

土匪又说："但我还是个杀人犯，多少人的鲜血还在我耳中翻腾。"

圣人回答说："我也是杀人犯，多少人的热血也在我耳中呼唤。"

土匪说："我犯下了无数的罪行。"

圣人回答："我犯下的罪行也无法计算。"

土匪站了起来，他两眼盯着圣人，露出一种奇怪的神色。然后他就离开了我们，连蹦带跳地跑下山去。

纪伯伦转身去问圣人："你为何给自己加上莫须有的罪行？你没有看见此人走时已对你失去信任？"

圣人说道："是的，他已不再信任我。但他走时毕竟如释重负。"

正在这时，他们听见土匪在远处引吭高歌，回声使山谷充满了欢乐。

大哲理：为了能让别人得到快乐，自己暂时受一点委屈又有什么呢。

39. 受伤的战士

二战期间，一支部队在森林中与敌军相遇，激战后两名战士，部队失去了联系。这两名战士来自同一个小镇。

两人在森林中艰难跋涉，他们互相鼓励、互相安慰。十多天过去了，仍未与部队联系上。

　　这一天，他们打死了一只鹿，依靠鹿肉又艰难度过了几天，也许是战争使动物四散奔逃或被杀光。这以后他们再也没看到过任何动物。他们仅剩下一点鹿肉，背在年轻战士的身上。

　　这一天，他们在森林中又一次与敌人相遇，经过再一次激战，他们巧妙地避开了敌人。就在自以为已经安全时，只听一声枪响，走在前面的年轻战士中了一枪——幸亏伤在肩膀上！后面的士兵惶恐地跑了过来，他害怕得语无伦次，抱着战友的身体泪流不止，并赶快把自己的衬衣撕下包扎战友的伤口。

　　晚上，未受伤的士兵一直念叨着母亲的名字，两眼直勾勾的。他们都以为他们熬不过这一关了，尽管饥饿难忍，可他们谁也没动身边的鹿肉。天知道他们是怎么过的那一夜。第二天，部队救出了他们。

　　事隔30年，那位受伤的战士安德森说："我知道谁开的那一枪，他就是我的战友。当时在他抱住我时，我碰到他发热的枪管。我怎么也不明白，他为什么对我开枪？但当晚我就宽容了他。我知道他想独吞我身上的鹿肉，我也知道他想为了他的母亲而活下来。此后30年，我假装根本不知道此事，也从不提及。战争太残酷了，他母亲还是没有等到他回来，我和他一起祭奠了老人家。那一天，他跪下来，请求我原谅他，我没让他说下去。我们又做了几十年的朋友，我宽容了他。"

40．一只苍蝇

　　有一个吸毒的囚犯，被关在牢狱里，他的牢房空间非常狭小，住在里面很是拘束，不自在又不能活动。他的内心充满着愤慨与不平，倍感委屈和难过，认为住在这么一间小囚牢里面，简直是人间炼狱，每天就这么怨天尤人，不停地抱怨着。

有一天，这个小牢房里飞进一只苍蝇，嗡嗡叫个不停，到处乱飞乱撞。他心想：我已经够烦了，又加上这讨厌的家伙，实在气死人了，我一定捉到你不可！他小心翼翼地捕捉，但苍蝇比他更机灵，每当快要捉到它时，它就轻盈地飞走了。捉了很久，还是无法捉到它，这才慨叹地说，原来我的小囚房不小啊！居然连一只苍蝇都捉不到，可见蛮大的嘛！此时他悟出一个道理，原来心中有事世间小，心中无事一床宽。

所以说，心外世界的大小并不重要，重要的是我们自己的内心世界。一个胸襟宽阔的人，纵然住在一个小小的囚房里，亦能转境，把小囚房变成大千世界；如果一个心量狭小、不满现实的人，即使住在摩天大楼里，也会感到事事不能称心如意。所以我们每一个人，不要常常计较环境的好与坏，要注意内心的力量与宽容，所以内心的世界是非常重要的。

正如无门禅师所说："春有百花秋有月，夏有凉风冬有雪；若无闲事挂心头，便是人间好时节。"

41. 著名剑手

欧玛尔是英国历史上唯一留名至今的剑手。他有一个与他势均力敌的敌手，他同他斗了三十年还不分胜负。在一次决斗中，敌手从马上摔下来，欧玛尔持剑跳到他身上，一秒钟内就可以杀死他。

但敌手这时做了一件事——向他脸上吐了一口唾沫。欧玛尔停住了，对敌手说："咱们明天再打。"敌手糊涂了。

欧玛尔说："三十年来我一直在修炼自己，让自己不带一点儿怒气作战，所以我才能常胜不败。刚才你吐我的瞬间我动了怒气，这

191

时杀死你，我就再也得不到胜利的感觉了。所以，我们只能明天重新开始。"

这场争斗永远也不会开始了，因为那个敌手从此变成了他的学生，他也想学会不带一点儿怒气作战。

42．工人与跳蚤

一个工人忙碌了一天，回到自己家里，他舒舒服服地洗了一个热水澡后，便靠在躺椅上，边听音乐，边闭目养神。"哎呀！"突然之间，工人猛然坐起，摸摸自己的右脚，发现小腿上有一个小红点儿。工人伸手在小红点儿上抓了几下，红点儿虽小，却很痒，而且愈抓愈痒，愈抓愈肿。第一个小红点儿还没抓够呢！第二个，第三个红点儿又跟着出现了。"可恶！到底是什么东西在咬我呀？"工人气急败坏地说。他仔细检查自己的右脚，没有找到罪魁祸首，但是左脚又开始痒了。于是工人猛抓，抓得又急又气，最后，他站起来，将屋内的电灯全打开，决定无论如何也要逮到凶手。皇天不负苦心人，经过一番艰苦的努力，罪魁祸首终于被逮着了，原来是一只好小好小的跳蚤。"竟敢咬我！你的死期到了，小恶棍！"工人喊道。跳蚤央求着说："请别杀我吧！我不过咬了你几口，并没有做什么坏事呀！"工人说："你错了。要知道，不管大坏事还是小坏事，只要是坏事，就必须铲除干净，绝不能宽容！"说完，工人毫不留情地用指甲一掐，跳蚤便一命呜呼。

43. 化解仇恨的最好办法

前苏联著名作家叶夫图申科在《提前撰写的自传》中，讲到过这样一则十分感人的故事：*1944* 年的冬天，饱受战争创伤的莫斯科异常寒冷，两万德国战俘排成纵队，从莫斯科大街上依次穿过。

尽管天空中飘飞着大团大团的雪花，但所有的马路两边，依然挤满了围观的人群。大批苏军士兵和治安警察，在战俘和围观者之间，划出了一道警戒线，用以防止德军战俘遭到围观群众愤怒的袭击。这些老少不等的围观者大部分是来自莫斯科及其周围乡村的妇女。

她们之中每一个人的亲人，或是父亲，或是丈夫，或是兄弟，或是儿子，都在德军所发动的侵略战争中丧生。她们都是战争最直接的受害者，都对悍然入侵的德寇怀着满腔的仇恨。

当大队的德军俘虏出现在妇女们的眼前时，她们全都将双手攥成了愤怒的拳头。要不是有苏军士兵和警察在前面竭力阻拦，她们一定会不顾一切地冲上前去，把这些杀害自己亲人的刽子手撕成碎片。

俘虏们都低垂着头，胆战心惊地从围观群众的面前缓缓走过。

突然，一位上了年纪、穿着破旧的妇女走出了围观的人群。她平静地来到一位警察面前，请求警察允许她走进警戒线去好好看看这些俘虏。警察看她满脸慈祥，没有什么恶意，便答应了她的请求。于是，她来到了俘虏身边，颤巍巍地从怀里掏出了一个印花布包。打开，里面是一块黝黑的面包。她不好意思地将这块黝黑的面包，硬塞到了一个疲惫不堪、拄着双拐艰难挪动的年轻俘虏的衣袋里。年轻俘虏怔怔地看着面前的这位妇女，刹那间已泪流满面。他扔掉了双拐，"扑通"一声跪倒在地上，给面前这位善良的妇女，重重地磕了几个响头。其他战俘受到感染，也接二连三地跪了下来，拼命地向围观的妇女磕头。于是，整个人群中愤怒的气氛一下子改变了。妇女们都被眼前的一幕深深感动，纷纷从四面八方涌向俘虏，把面包、香烟等东西塞给了这些曾经是敌人的战俘。

叶夫图申科在故事的结尾写了这样一句令人深思的话："这位善良的妇女，刹那之间便用宽容化解了众人心中的仇恨，并把爱与和平播种进了所有人的心田。"

44. 巧克力饼干

朋友讲了自己的一个经历：上星期五我闹了一个笑话。我去伦敦买了点东西。我是去买圣诞节礼物的，也想为我大学的专业课找几本书。那天我是乘早班车去伦敦的，中午刚过不久我要买的都买好了。我不怎么喜欢呆在伦敦，太嘈杂，交通也太挤，此外那晚上我已经作好了安排，于是我便搭乘出租汽车去滑铁卢车站。说实在的，我本来坐不起出租车，只是那天我想赶 3：30 的火车回去，不巧碰上交通堵塞，等我到火车站时，那趟车刚开走了。我只好呆了一个小时等下趟车。我买了一份《旗帜晚报》，漫步走进车站的校部。在一天的这个时候校部里几乎空无一人，我要了一杯咖啡和一包饼干——巧克力饼干。我很喜欢这种饼干。空座位有的是，我便找了一个靠窗的。我坐下来开始做报上登载的纵横填字游戏。我觉得做这种游戏很有趣。

过了几分钟来了一个人坐在我对面，这个人除了个子很高之外没有什么特别的地方。可以说他样子很像一个典型的城里做生意的人——穿一身暗色衣服，带一个公文包。我没说话，继续边喝咖啡边做我的填字游戏。忽然他伸过手来，打开我那包饼干，拿了一块在他咖啡里蘸了一下就送进嘴里。我简直难以相信自己的眼睛！我吃惊得说不出话来。不过我也不想大惊小怪，于是决定不予理会。我总是尽量避免惹麻烦。我也就拿了一块饼干，喝了一口咖啡，再回去做我的填字游戏。这人拿第二块饼干时我既没抬头也没吱声。我假装对游戏特别感兴趣。过了几分钟我不在意地伸出手去，拿来最后一块饼干，瞥了这人一眼。他正对我怒目而视。我有点紧张地把饼干放进嘴里，决定离开。正当我准备站起身来走的时候，那人突然把椅子往后一推，站起来匆匆走了。我感到如释重负，准备呆两三分钟再走。我喝完咖啡，折好报纸站起身来。这时，我突然发现就在桌上我原来放报纸的地方摆着我的那包饼干。我刚才喝的咖啡马上都变成了汗水流了出来……

45. 丹麦士兵

在十七世纪，丹麦和瑞典发生战争，一场激烈的战役下来，丹麦打了胜仗，一个丹麦士兵坐下来，正准备取出壶中的水解渴，突然听到哀嚎的声音，原来在不远处躺着一个受了重伤的瑞典人，正双眼看着他的水壶。

"你的需要比我大。"

丹麦士兵走过去，把水壶送到伤者的口边，但是对方竟然伸出长矛刺向他，幸好偏向了一边，只伤到他的手臂。

"嗨！你竟然如此回报我。"丹麦士兵说："我原来要把整壶水给你喝，现在只能给你一半了。"

这件事后来被国王知道了，特别召见这个丹麦士兵，问他为什么不把那个忘恩负义的家伙杀掉？他轻松地回答："我不想杀受伤的人"。

46. 杂志社主编

L 小姐是一家杂志社的主编，朋友介绍一位美工给她。这位美工刚从另一家杂志社离职，还没找到工作。L 小姐看他很客气，也一副很听话的样子，便接受了他。

这位美工的功夫只能说是中等，但 L 小姐待他不错，放手让他发挥，还主动帮他争取待遇，那位美工也感激涕零地表示将"鞠躬尽瘁"，于是 L 小姐更对他好了。

这样一年下来，这位美工生活安定了，并在别家杂志找到兼差，但也因此稍微影响本来的工作；可是他却开始抱怨待遇太低，设计的东西也越来越差，最后竟然丢下没完成的工作，到另外一家杂志社去了。

L 小姐很生气，没事就说："对人好，错了吗? 对人好，错了吗?"

47. 富翁与儿子

从前有一个富翁，他有三个儿子，在他年事已高的时候，富翁决定把自己的财产全部留给三个儿子中的一个。可是，到底要把财产留给哪一个儿子呢? 富翁于是想出了一个办法：他要三儿子都花一年时间去游历世界，回来之后看谁做到了最高尚的事情，谁就是财产的继承者。

一年时间很快就过去了，三个儿子陆续回到家中，富翁要三个人都讲一讲自己的经历。大儿子得意地说："我在游历世界的时候，遇到了一个陌生人，他十分信任我，把一袋金币交给我保管，可是那个人却意外去世了，我就把那袋金币原封不动地交还给了他的家人。"二儿子自信地说："当我旅行到一个贫穷落后的村落时，看到一个可怜的小乞丐不幸掉到湖里了，我立即跳下马，从河里把他救了起来，并留给他一笔钱。"三儿子犹豫地说："我，我没有遇到两个哥哥碰到的那种事，在我旅行的时候遇到了一个人，他很想得到我的钱袋，一路上千方百计地害我，我差点死在他手上。可是有一天我经过悬崖边，看到那个人正在悬崖边的一棵树下睡觉，当时我只要抬一抬脚就可以轻松把他踢到悬崖下，我想了想，觉得不能这么做，正打算走，又担心他一翻身掉下悬崖，就叫醒他，然后继续赶路了，这实在算不上什么有意义的经历。"富翁听完三个儿子的话后，点了点了头说道："诚实、见义勇为是每一个人应有的品质，称不上高尚。有机会报仇却放弃，反而帮助自己的仇人脱离危险的宽容之心才是最高尚的。我的全部财产都是老三的了。"